KB067582

채용이 전부다

채용이 전부다

초판 1쇄 발행 | 2010년 3월 30일
초판 10쇄 발행 | 2023년 5월 10일

지은이 | 한근태
펴낸이 | 이성수
주간 | 김미성
편집장 | 황영선
편집 | 이경은, 이홍우, 이효주
마케팅 | 김현관
제작 | 김주범

펴낸곳 | 올림
주소 | 07983 서울시 양천구 목동서로 77 현대월드타워 1719호
등록 | 2000년 3월 30일 제300-2000-192호(구 : 제20-183호)
전화 | (02)720-3131 팩스 | (02)6499-0898
이메일 | pom4u@naver.com
홈페이지 | http://cafe.naver.com/ollimbooks

ISBN 978-89-93027-14-3 03320

회사를 100배로 키우는 채용의 기술

채용이
전부다

한근태 지음

올림

채용은
성과의 출발이다

오래 전부터 채용에 관심이 많았다. 주변의 사이 나쁜 부부들이 필자의 생각을 자극했다. 어쩌면 성인들이 그렇게 눈만 뜨면 싸울 수 있을까, 신기했다. 상대를 저렇게 우습게 알면서 어떻게 살 수 있을까, 저런 부모 밑에 사는 자녀들은 얼마나 힘들까, 저런 부모들은 자신들의 행위가 자식들에게 얼마나 상처가 되는지 알고는 있을까, 안다면 어떻게 저런 행동을 계속할 수 있을까 하는 생각이 들었다.

그러다 문득, 억지로 결혼해서일까 하는 의문이 생겼다. 그렇지는 않을 것이다. 자기들이 배우자를 선택했을 텐데, 사랑해서 결혼했을 텐데, 도대체 상대의 어떤 면을 보고 결혼을 결심했기에 저럴까. 결혼한 이후에 서로가 변한 것일까, 아니면 잠깐 콩깍지가 씌었던 탓일까. 이유야 어떻든 저런 사람을 선택한 것은 본인 잘못 아닌가… 그런 생각도 들었다.

사람은 불완전한 존재니까 잘못 볼 수는 있다. 하지만 이왕 선택한 것을 지금 와서 어쩌겠는가, 맞춰 살든지 아니면 이혼해야 하는 것 아닌가… 생각이 꼬리에 꼬리를 물었다.

평생 갑의 역할만 해오던 사람을 채용하여 마케팅 책임자 자리에 앉힌 CEO가 있었다. 결과는 어땠을까? 성과가 나면 오히려 이상한 일이다. 남에게 아쉬운 소리를 해본 적이 없고, 높은 의자에서 어깨에 힘 주고 을에게 대접받는 일에 이골이 난 사람이 어떻게 하루아침에 고객에게 머리를 숙이고 아쉬운 소리를 할 수 있겠는가.

조직에 무언가 문제가 있을 때는 채용을 제대로 했는지를 먼저 생각해 봐야 한다. 대부분의 문제는 적합하지 않은 사람에게 적합하지 않은 일을 맡겼을 때 일어난다. 엉뚱한 사람을 뽑아놓고 성과가 나지 않는다고 잔소리하고 들들 볶는 것만큼 영양가 없는 행위도 없다. 볶는다고 성과가 나지는 않는다. 누군들 일을 잘하고 싶지 않아서 안 하겠는가. 야단치는 사람이나 당하는 사람이나 서로 괴롭기만 할 뿐이다.

반대로 일이 잘 풀리는 경우는 대부분 채용을 제대로 했기 때문이다. 적합한 사람이 그 중심에 있기 때문이다. 그러면 알아서 척척 움직인다. 상사도 본인도 아무 문제가 없다. 잔소리할 일도 없고 마찰음도 없다.

수년 전 마커스 버킹엄 · 커트 코프만의 『유능한 관리자First, Break All the Rules』란 책을 번역한 적이 있다. 번역을 하면서 머리가 맑아졌다. 오랜 의문이 한꺼번에 풀리는 기분이었다. 이 책은 성공한 매니저 수천 명을 인터뷰해 그들이 어떻게 성공했는지를 조사한 결과물이다. 가설은 목표를 잘 설정하고, 동기부여를 잘하고, 경청을 잘하고 등이었다. 하지만 실제는 가설과 달랐다. 채용이 정답이었다. A급 매니저들은 제대로 된 사람을 채용하고 그들의 강점을 활용하여 최선을 다하게 한다는 것이었다. 큰 자극을 받았다.

채용이 정답이라는 사실은 모든 사람이 알고 있지만 상대적으로 소홀하게 다루는 어젠다이다. 채용이 전부다. 채용이 경영에서 가장 큰 비중을 차지한다. 그만큼 채용이 중요하다. 제대로 된 사람이 들어오면 모든 일이 잘 풀린다. 모든 일을 알아서 하기 때문에 매니저가 특별히 할 일이 없다. 반대로 엉뚱한 사람을 뽑으면 재앙이다. 잘못 뽑은 사람은 인재人材가 아니라 인재人災다. 기업의 자산이 아니라 가장 큰 부채다. 그런 사람에게는 비전이고 동기부여고 소용없는 일이다. 잘못 뽑은 사람 하나가 조직을 망하게 할 수도 있다.

채용에 관심을 가지면서 인사人事의 중요성을 다시 느꼈다. 오래 전부터 '인사가 만사'라고 했지만 최근 한 회사가 무너지는 모습을 보면서 그 중요성을 새삼 절감했다. 필자는 주변 사람들에게 그 회사는 오래 가지 못할 거라고 계속 말해 왔다. 조직의 폐쇄성 때문이었다.

수년 전에 그 회사 전 임원을 대상으로 몇 차례에 걸쳐 교육을 한 적이 있다. 그때 놀라운 사실을 발견했다. 임원들 대부분이 특정 지역 출신이었다. 어느 조직이나 특정 학교, 특정 지역 출신이 많을 수는 있다. 하지만 그 회사는 정도가 심했다. 임원 중 한 분이 쉬는 시간에 필자에게 이런 얘기를 했다.

"전 해외에서 학위를 하고 사장님 인터뷰를 거쳐 이 회사 연구소장으로 왔습니다. 그런데 와서 보니 임원들이 전부 그 동네 사람이더군요. 그렇다고 눈에 띄게 차별하는 것 같지는 않지만, 그 동네 출신이 아닌 나 같은 사람이 이 조직에서 생존할 수 있을지 의구심이 자꾸 드네요. 어떻게 하면 좋을까요?"

정말 할 말이 없었다. 다른 채널을 통해서도 그런 얘기는 자꾸 들렸다. 그 회사는 결국 부도가 나고 말았다.

부도의 원인이 100% 인사 때문은 아니겠지만 따지고 들어가면 근본적인 원인은 인사에 있었을 것으로 필자는 추측한다. 제대로 된 사람이 아니라 간신 같은 사람들이 CEO 옆에서 인의 장막을 쳤기 때문에 잘못된 의사결정을 했고 그 때문에 회사가 무너진 것이다.

경영에서 가장 중요한 것은 인사다. 제대로 된 사람을 뽑아 적합한 자리에 배치하고, 그들이 몰입할 수 있는 환경을 조성하고, 그들이 다른 생각을 하지 않게끔 비전을 제시하고 동기를 부여하는 것이 경영이다. 그런 면에서 회사는 인사에 가장 많은 에너지와 비용을 써야 한다. 그중 핵심은 역시 채용이다. 그렇기 때문에 경영자들은 채용에 목숨을 걸어야한다.

톰 피터스는 "사업상 검토에서 무엇을 첫 번째 항목에 놓는가? 전략인가? 아니면 예산인가? 나는 인재 문제가 첫 번째 항목이 되어야 한다고 생각한다. 하지만 대개 인사 문제를 마지막에 검토한다. 그래서는 인재에 정말 목말라 한다고 말할 수 없으며, 당연히 인재 전쟁에서 승리하지 못한다"고 말했다. 또 모리타 아키오 전 소니 회장은 "직원 채용은 중요한 쇼핑이다. 가령 한 직원이 정년퇴직할 때까지 10억 원을 받는다고 치자. 회사에서 한 직원을 채용한다는 것은 당연히 10억 원짜리 물건을 사는 셈이 된다. 이것은 상당한 고가이기 때문에 함부로 살 수 있는 것이 아니다"라며 인재 채용의 중요성을 역설했다.

이 책은 많은 사람의 도움을 받았다. 서울과학종합대학원에서 운영하는 '4T CEO 최고경영자 과정'에 참여한 경영자들이 귀띔해 준 인사와 채용에 관한 팁이 큰 자극이 되었다. 하영목 씨의 저서와 백진기 한독약품

전무에게서도 결정적인 도움을 받았다. 세리CEO의 자료 덕도 적잖이 보았다. 필자의 기억력의 한계 때문에 일일이 거명하지 못한 분이나 자료도 있을 것이다. 두루두루 감사한 마음을 전한다.

이 책이 CEO는 물론 각계의 리더와 인사 전문가의 생각을 자극하여 조직의 경쟁력을 한 단계 업그레이드하는 데 보탬이 되기를 바란다. 아울러 전직을 바라는 직장인이나 취업전선에 뛰어든 젊은이들이 자신에게 맞는 자리를 찾아가는 실마리로 쓰인다면 더 바랄 나위가 없겠다.

2010. 3
한 근 태

차례

CHAPTER 01 인재란 어떤 사람인가
: : 역사를 움직인 거인들의 인재론

CHAPTER 02

회사가 망하는 건
불황 때문이 아니다

:: 채용의 성패를 가르는 인사의 밑그림

CHAPTER 03

능력이냐 태도냐

:: 성공 채용으로 가는 면접의 기술

CHAPTER 04

현명한 CEO는 천천히 뽑는다

:: 딱 맞는 사람만 골라 뽑는 채용의 비법

CHAPTER 05 강한 조직은 다르게 뽑는다
:: 좋은 회사의 특별한 채용 이야기

CHAPTER 06 차별 없는 대우가 인재를 떠나게 한다
:: 지속가능한 조직을 만드는 인재 관리법

CHAPTER
07

인재에 목숨을 걸어라

∷ 놀라운 실적을 내는 1퍼센트 다루기

인재란
어떤 사람인가

: : 역사를 움직인 거인들의 인재론

능력이 전부다?
강태공과 손무의 인재론

 어느 조직이든 최악의 리스크는 준비되지 않은 사람, 그릇이 되지 않는 사람을 높은 자리에 앉히는 것이다. 반대로 조직의 성공은 제대로 된 사람을 그 자리에 앉히는 데서 시작된다.

중국 주周나라는 은殷나라에 상대가 되지 않는 소국이었다. 하지만 주나라는 은나라를 전복시켰다. 그 성공요인 중 하나가 철저한 인재검증 시스템이다.

문왕文王을 도와 혁명의 선봉장으로 활약했던 강태공은 『육도』라는 병법서에서 주나라 인사 시스템을 '팔징지법八徵之法'으로 설명한다. 인재를 발탁하는 여덟 가지 검증 항목인데, 요즘 기준으로 보아도 매우 훌륭한 체크 리스트이다.

첫째, 탁월한 전문 능력能이다. 해당 분야에 대한 질문을 던져 어느 정도 상세한 지식을 가지고 있는지 관찰하라는 것이다. 파출부를 잘 쓰려면 주부가 집안일을 꿰고 있어야 한다. 그래야 일을 시킬 수 있다. 업무에 대한 전문성은 기본 중 기본이며 최소한의 필요조건이다. 이른바 낙하산 인사가 있다고 하자. 업무와 아무 연관이 없는 사람이 사장으로 취임한다. 당연히 회사 업무를 모른다. 직원들이 사장을 이해시키고 설득하느라 일이 되지 않는다. 그런 사장은 차라리 가만히 있는 게 회사를 도와주는 것이다. 직원들도 그에게 별 기대를 하지 않는다.

둘째, 위기관리 능력變이다. 위기 상황에서의 대처 능력을 살펴보라는 것이다. 사실 인재를 필요로 할 때는 평화 시보다는 조직이 위기에 빠졌을 때이다. 위기 때 어떻게 판단하고 대처하는가를 보면 그 사람의 능력을 알 수 있다.

셋째, 성실성誠이다. 주변 사람을 통해 그 사람의 성실성을 관찰하라는 것이다. 성실하지 않은 사람은 인재가 될 수 없다. 리더가 될 수 없음은 물론이다. 성실은 약속을 지키는 것이다. 제시간에 나오고 하기로 한 일을 하는 것이다. 리더는 관찰을 당하는 위치에 있다. 사람들은 리더의 일거수일투족을 보면서 자신의 행동을 정한다. 『논어』에서 말하듯 "그의 몸이 바르면 명하지 않아도 행한다. 하지만 그 몸이 바르지 않으면 명한다 해도 따르지 않는다."

넷째, 도덕성德이다. 명백하고 단순한 질문으로 그 사람의 인격을 관찰하라는 것이다. 비윤리적인 사람은 리더가 되어서는 안 된다. 피터 드러커도 상사가 부패했다면 떠나라고 경고한다. 자신도 모르게 함께 부패하기 때문이다.

다섯째, 청렴함廉이다. 재무관리를 맡겨 그 사람의 청렴함을 관찰하라는 것이다.

여섯째, 정조貞다. 여색으로 시험해서 그 사람의 정조를 관찰하라는 것이다.

일곱째, 용기勇다. 어려운 상황에서 그 사람의 용기를 관찰하라는 것이다.

여덟째, 술 취했을 때의 태도態다. 취하게 한 다음 그 사람의 자세를 살피라는 것이다.

위의 체크 리스트를 보면 인재가 된다는 것이 얼마나 어려운지 알 수 있다. 리더는 더 말할 것도 없다. 또 괜찮은 사람을 채용하는 것이 결코 쉬운 일이 아니란 것도 알 수 있다.

오吳나라 장군 손무孫武는 『손자병법』에서 장군을 임명하는 인사 기준에 대하여 자세히 적고 있다. 오늘날 리더의 선발 기준으로 삼아도 전혀 손색이 없다.

손무는 모름지기 장군은 보민保民과 보국保國의 정신으로 무장되어 있어야 한다고 말한다. '보민'이란 자신의 명예와 출세보다는 병사 보호를 위해 애쓰는 것이고, '보국'이란 있는 힘을 다해 조국을 지키는 것이다. 무릇 리더는 이런 정신으로 현장에 나서야 한다. 손무는 "진격을 명령함에 명예를 구하고자 하지 마라! 후퇴를 명령함에 죄를 피하려 하지 마라! 이런 장군은 나라의 보배라고 한다"고 리더의 자세를 강조한다.

리더는 개인의 문제를 넘어서 조직의 생존을 고민해야 하는 사람이다. 다른 사람의 칭찬과 비난에 연연하여 진퇴를 결정한다면 위대한 리더라 할 수 없다.

손무는 장군의 발탁 기준으로 5가지를 꼽는다.

첫째, 실력智이다. 이때 실력은 병법이나 줄줄 외는 머릿속의 지식이 아니라 현장을 읽어낼 줄 아는 안목이다.

둘째, 신념信이다. 장군의 신념은 상생相生이다. 그리하여 병사들에게 신뢰信를 얻는 것이다.

셋째, 인격仁이다. 인仁은 배려와 존중이며, 이로써 병사들의 마음을 얻어내는 것이다.

넷째, 용기勇다. 용기는 모든 것을 책임질 줄 아는 자세다. 용장 밑에 약졸이 있을 수 없다.

다섯째, 엄격함嚴이다. 조직 시스템을 공평하게 운용하고자 하는 노력이 리더의 엄격함이다.

인사는 아무리 신중을 기해도 지나치지 않다. 그중에서도 사람을 뽑을 때는 신중에 신중을 기하고, 모든 것을 빠짐없이 체크해야 한다. 사회와 조직의 운명을 좌우하는 리더를 선택하는 일은 더더욱 그렇다. 어떻게 하면 좋을까?

강태공과 손무가 말하는 인재의 조건에 비추어보면 틀림이 없을 것이다. 여러 사람이 보고 의견을 교환하는 것도 방법이다. 여러 상황에 노출시켜 보는 것도 좋다. 술도 마셔보고, 골프도 쳐보고, 여행도 다녀

보고…. 뭔가 찜찜할 때는 차라리 채용을 하지 않는 것도 방법이다. 인사가 왜 만사이겠는가.

생 각 해 보 기

☑ 강태공의 인재 선발법을 보고 느낀 점은?

☑ 손무의 인재 선발법을 보고 느낀 점은?

☑ 이에 동의하는 것과 그렇지 않은 것은?

☑ 당신만의 인재 선발법을 만들어본다면?

☑ 그렇게 만든 이유는?

수단과 방법을 가리지 마라
사마천의 인재론

 『사기』라는 위대한 선물을 남긴 사마천은 구인과 용인에 대해서도 탁월한 식견을 보여주었다. 그는 인재에 관한 자신의 철학과 주장을 풍부한 역사적 사실을 들어 곡진하게 설명했다. 그가 말하는 인재관은 현 시대에도 살아 있는 교과서로 부족함이 없을 만큼 깊은 통찰력을 보여준다.

『사기』에 나타난 사마천의 인재론을 간략하게 살펴보자.

원칙 1_친분보다는 능력이 우선이다

요임금은 자신의 아들 단주 대신 순임금을 후계자로 발탁한다. 신하들이 반대하자 요임금은 이렇게 말한다. "무능한 아들 하나 때문에 여러 사

람이 손해를 볼 수는 없다." 후계자를 어떻게 선발하느냐에 따라 조직의
흥망성쇠가 결정된다. 인사의 제1 원칙은 능력이다.

원칙 2_인재라 판단되면 수단과 방법을 가리지 않는다

능력만 갖고 사람을 선발하면 반발이 있을 수 있다. 그렇기 때문에
그 반발을 누그러뜨리는 것이 중요하다. 상나라 때 무정이라는 왕이
있었다. 그는 역대 왕 중에서 밑바닥 생활을 가장 잘 이해하는 사람으
로 유명하다. 그런 그가 어느 날 기절해 누워 있다 3일 만에 일어난
다. 그러고는 신하들에게 꿈 이야기를 한다. "내가 꿈을 꾸었는데 열
說이란 사람을 기용하면 나라가 크게 일어난다는 계시를 받았다. 얼굴
까지 생생히 기억할 수 있다. 성을 쌓는 곳에서 막노동을 하고 있다."
그리고 나서 열이란 사람을 중용한다. 사실 말도 안 되는 이야기다. 무
정이란 왕은 열이란 사람을 완전히 파악하고 나서 신하들의 반발을 없
애기 위해 쇼를 한 것이다.

원칙 3_목이 마른 듯 인재를 구한다

채용에 관해서는 '삼고초려'라는 성어가 가장 유명하다. 그다음이 '일
목삼착 일반삼토—沐三捉 —飯三吐'라는 말이다. 주 문왕이 인재가 찾아오면
'머리를 감다가도 세 번을 움켜쥐고 뛰어나오고, 밥을 먹다가도 세 번을
뱉었다'는 데서 유래한 말이다. 그만큼 그는 사람을 구하는 일을 최우선
과제로 여겼다.

상나라 주왕은 중국의 대표급 폭군이다. 주지육림과 포락형벌겋게 달군 쇠 파이프 위로 사람을 걷게 하고 떨어지면 불구덩이에 빠지게 하는 형벌이라는 말을 낳은 당사자 다. 주왕은 주 문왕을 유리성에 7년간 가두고, 그의 아들을 삶아 먹으라 고 주었다.

주 문왕은 강태공을 발탁하여 함께 주나라를 세움으로써 재기에 성공 한다. 강태공을 만나기 전 그는 꿈을 꾼다. 귀인을 만난다는 내용이다. 흰 수염을 늘어뜨린 낚시꾼이 낚시를 하는데 바늘이 곧다. 주 문왕이 이 유를 물어보자 낚시꾼은 이렇게 답한다.

"저는 고기를 낚는 사람이 아닙니다. 나를 낚아줄 사람을 기다리는 중 입니다."

뒤에 봉지로 제나라를 받은 강태공다운 퍼포먼스가 아닐 수 없다.

원칙 4_밖의 인재를 천거함에 있어 원수를 가리지 않고 안으로 는 친인척을 가리지 않는다

이 방면에는 제 환공이 일인자이다. 자기를 죽이려던 관중을 채용했기 때문이다. 사람들은 관중보다 그를 천거한 포숙아를 더 찬미한다. 포숙 아가 관중을 추천하는 이유가 그럴듯하다.

"제나라만 다스리려면 저 혼자로 충분합니다. 하지만 천하를 다스리려 면 반드시 관중이 있어야 합니다."

쉽지 않은 일이다. 제 환공은 정료지광庭燎之光으로 유명하다. 좋은 인 재를 얻기 위해 앞뜰을 환히 밝히며 온종일 고심한다는 말이다.

친인척도 그렇다. 능력이 있다면 써야 한다. 친인척이란 이유만으로 배제할 필요는 없다.

원칙 5_인재는 알아주는 것만으로는 충분치 않다. 그를 적재적소에 기용해 능력을 발휘하게 해야 한다

제나라 안영은 관중 이후 최고의 인재이다. 그는 임금의 명도 옳고 그름을 가려 실행했다. 올바르면 그 명에 순종하고 그 명이 올바르지 않으면 따르지 않았다. 안영은 영공, 장공, 경공 등 그다지 현명하지 않은 임금들을 내리 모시면서도 제후들 사이에 이름을 날린 명재상이다. 그때 월석보란 현자가 있었는데 어쩌다 죄수가 되어 수레에 갇혀 끌려가는 모습을 안영이 보게 된다. 안영이 속죄금을 내고 그를 구해 집으로 데리고 온다. 그리고 바로 자기 내실로 들어가 버렸다. 월석보는 "군자는 자기를 알아주지 않는 자에게는 뜻을 굽히지만 자신을 알아주는 자에게는 뜻을 편다"며 안영에게 절교를 선언한다. 이 말을 들은 안영이 크게 깨닫고 그를 상객으로 대접한다. 알아주는 것만으로는 안 된다. 그가 뜻을 펼 수 있게끔 대접해야 한다.

원칙 6_인재의 발탁과 채용도 중요하지만 인재가 빠져나가지 못하게 하는 것도 마찬가지로 중요하다

초나라 인재가 자꾸 진나라로 넘어가는 문제가 발생했다. 초나라 법이 너무 엄격하고 백성에게 가혹하여 불만이 높아졌기 때문이다. 무신이라는 사람도 그랬다. 무신이 하희라는 여자와 도망하여 진나라로 귀화하자 초 공왕은 남은 가족을 모두 잡아 죽였다. 뒤에 무신은 오나라와 결속하여 초나라를 괴롭힌다. 사람을 잡지 못하면 다른 쪽에 가서 우리를 괴롭힐 가능성이 높다.

원칙 7_의심이 나면 쓰지 말고, 일단 썼으면 믿어라

위나라 문후는 사람을 잘 쓰기로 유명했다. 경제 전문가 이괴, 군사 전문가 오기, 행정 전문가 서문표, 자하, 전자방, 위성자, 적황, 임자, 악양 등이 그들이다. 위 문후는 단간목이라는 현자를 모셔오기 위해 그 집을 지날 때마다 마차에서 내려 절을 하기까지 했다. 사람들이 단간목을 시기 질투했으나 문후는 결국 자기 사람으로 만들었다. 또 악양이라는 사람은 중산이라는 동네를 여러 번 공격했지만 성공하지 못했다. 주변에서 빗발치듯 비방했다. 악양이 끝내 성공하자 임금은 수고했다며 그에게 큰 상자를 주었다. 그 안에는 그동안 악양을 비방한 편지가 가득했다. '이렇게 사람들이 씹어댔지만 나는 너를 끝까지 믿었다'라는 메시지를 강하게 던진 것이다.

'친분보다는 능력을 보고, 출신을 따지지 말며, 목이 마른 듯 인재를 구하고, 원수나 친인척이라도 실력이 있으면 등용하며, 채용도 중요하지만 유지도 중요하고, 일단 썼으면 의심하지 마라…'
사마천의 인사 원칙은 지금 적용해도 전혀 부족함이 없다. 아니, 오늘날의 인사 철학이나 기술이 사마천의 『사기』로부터 나온 것이 아닌가 싶을 정도다.

생 각 해 보 기

☑ 사마천의 인사 철학을 보고 느낀 점은?

☑ 공감하는 점과 그렇지 못한 점은?

☑ 당신도 삼착삼토할 정도로 애타게 인재를 구하고 있는가?

☑ 그래서 얻은 사람이 있는가? 그 사람은 기대에 부응하는가?

☑ 이런 과정을 통해 배운 것이 있다면?

인간 말종을
명재상으로 만든 비밀은?
세종의 인재론

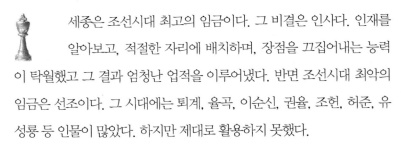

세종은 조선시대 최고의 임금이다. 그 비결은 인사다. 인재를 알아보고, 적절한 자리에 배치하며, 장점을 끄집어내는 능력이 탁월했고 그 결과 엄청난 업적을 이루어냈다. 반면 조선시대 최악의 임금은 선조이다. 그 시대에는 퇴계, 율곡, 이순신, 권율, 조헌, 허준, 유성룡 등 인물이 많았다. 하지만 제대로 활용하지 못했다.

인재에 대한 세종의 철학이다.

"덕은 외롭지 않고 반드시 이웃이 있다德不孤 必有隣. 조선에 인재가 없는 것이 아니고 그들이 나타나려 하지 않기 때문이다. 인재가 없음을 탓하지 말고, 그들이 나와 같이 일하려 하지 않음을 탓하라."

세종은 변계량을 뽑아 인사 담당자로 앉혔다. 변계량은 다양한 경로와 전략을 통해 인재를 대거 영입했다. 인재를 불러들이는 것은 CEO의 능력이다.

그래서 덕치가 중요하다. 공정성, 도덕성, 합리성은 세종의 인사 정책을 이루는 근간이었다. 그는 가치를 만들어내지 못하는 인재는 중용하지 않았다.

인사 정책의 대표 사례는 발명왕 장영실이다. 장영실은 동래현 관노였다. 아버지는 중국계 귀화인이고, 어머니는 기녀였다. 당시 기준으로 도저히 어떻게 해볼 도리가 없는 천한 신분이었다. 하지만 첫눈에 그를 알아본 세종은 중국에 유학시켜 당시로는 최첨단이었던 이슬람 과학기술을 도입케 하여 큰 성과를 거두었다. 또 신하들의 반대에도 불구하고 그를 종6품인 상의원별좌에 임명하기도 했다. 이 직책은 고을 현감과 같은 직급이다.

세종의 파격인사는 신분제도하에서 자신의 능력을 펼치지 못해 절망하던 인재들에게 숨통을 틔워주었고 조직에 활기를 불어넣었다. 장영실을 중국에 유학시킴으로써 일종의 신분세탁을 감행하기도 했다. 세종은 최고의 인사 전문가였다.

세종의 용인술에 대한 율곡의 평가는 이렇다.

"세종은 사람을 쓰되 자기 몸과 같이 하였다. 현인과 재능 있는 자를 쓰되 그 부류를 따지지 않았다. 인재 선발과 간언 채택을 오롯이 하여 참소와 이간질이 들어갈 수 없었다. 또 지위가 그 재능에 합당하면 종신토록 바꾸지 않았다."

세종의 채용 기준은 다음과 같다.

첫째, 마음 바탕이 착한가를 보았다. 요즘 용어로 재능보다 가치관에 높은 비중을 두었다. 재승덕才勝德보다는 덕승재德勝才하는 사람을 높이 평가했다. 세종의 말이다. "착한 사람에게 일을 맡기면 처음엔 굼뜨고 실수도 하지만 갈수록 더욱 조심하여 책무를 완수한다. 하지만 유능하다고 알려진 자들은 처음에는 능숙하지만 결국 자기 개인적인 일을 구제하는 데 급급하다."

둘째, 열정이 있는가를 보았다. 잭 웰치의 채용 기준과 비슷하다. 잭 웰치도 처음에는 인물과 학력 등에 점수를 주었다. 하지만 시간이 지나면서 열정을 가진 사람을 가장 높이 평가했다. 세종도 그런 것 같다. 세종의 말이다. "사람이란 처음에는 열성적으로 일하다가도 끝까지 잘 마무리하지 못하는 경우가 많은데 하물며 처음부터 열을 내지 않으면 더 이상 볼 것도 없다."

셋째, 장점을 보고 이를 발휘하게 했다. 세상에 완벽한 사람은 없다. 이래서 안 되고 저래서 안 된다면 세상에 쓸 사람은 아무도 없다. 차 떼고 포 떼면 장기를 둘 수 없다. 세종은 단점은 덮고 장점을 최대한 활용하는 데 애를 썼고 그 결과 많은 사람들이 스타로 등극했다.

대표선수 중 하나는 조말생이다. 세종은 병조판서 시절 수뢰 혐의가 있던 조말생을 함경도 감사에 임명했다. 그러자 유생들의 시위가 끊이지 않았다. 하지만 세종은 북방 함경도를 살피는 데 그만한 인물이 없다면서 밀어붙였다. 결국 조말생은 최윤덕의 서북 토벌에 큰 공을 세워 세종의 믿음에 보답했다.

초기 정승을 지낸 유정현도 그렇다. 그는 이재에 지나치게 밝은 것이 흠이었다. 이자를 못 갚으면 솥단지까지 빼앗아 원성을 샀고 이 때문에 오늘날의 인사청문회인 서경署經도 통과하지 못했다. 고급관리는 이재에 초연해야 한다는 당시 사회 분위기 때문에 지탄을 받았다. 하지만 세종은 유정현을 믿고 썼다. 그 결과 탁월한 재정관리 능력으로 재위 초 흉년을 무사히 넘길 수 있었다.

유명한 황희 정승도 초반에는 형편없는 인물로 기록되어 있다. 그는 충녕대군의 세자 책봉에 반대한 사람이다. 일종의 정적政敵이다. 하지만 세종은 유배에서 풀려난 황희를 믿고 중용한다. 그 이유를 이렇게 말한다. "경륜과 학문관료의 사표, 나랏일 풀어가는 모책, 검증된 인재아버님이 신임, 균형 있는 인재 등용과 형량 결정, 언어능력언사가 온화 단아하며 사리에 맞는다이 있다." 한마디로 경륜이 뛰어나고 아이디어가 풍부하며, 인재 선발 및 정리 능력이 뛰어나다는 것이다. 이처럼 세종은 황희의 장점에 대해 명확히 알고 있었다.

당시 황희에 대한 평가는 최악이었다. 살인을 한 사위의 옥사에 개입하여 의금부에 끌려간 적도 있었다. 뇌물을 받았는가 하면 친구였던 박포의 아내와 간통까지 하였으니 요즘 말로 인간 말종이었던 셈이다.

하지만 세종은 황희를 쓰면서 이렇게 말했다.

"황희의 단점은 이미 내가 잘 알고 있다. 그 단점이 드러나지 않도록 내가 예방할 것이고, 그가 가지고 있는 장점을 충분히 발휘하게 하겠다."

이런 믿음 때문인지 세종 12년 투옥된 태석균의 감형을 청탁한 사건으로 탄핵을 받은 이후 황희는 청백리로 일대 변신한다. 간악한 소인에서 청렴한 정승으로 극적인 변화를 할 수 있었던 것은 세종의 극진한 보호와 교화 덕분이다. 대단한 임금에 대단한 정승이 아닐 수 없다.

사람들은 어떤 인재가 확실한 강점이 있는데도 한두 가지 단점을 이유로 거부하고 그저 무난한 사람을 쓰는 경향이 있다. 하지만 무난한 사람을 써서 얻을 수 있는 최고의 업적은 사고를 치지 않는 것에 불과하다. 채용에서는 장점을 보는 것만큼 중요한 것은 별로 없다. 강희맹의 말을 들어보자.

"완전한 사람은 없다. 적합한 자리에 기용해 인재로 키워내는 것이 중요하다. 적당한 일을 맡겨 능력을 키우는 것이 중요하다. 사람의 결점만 지적하고 허물만 적발한다면 아무리 유능한 사람도 벗어날 수 없다."

넷째, 역량 위주로 선발했다. 한번은 세종이 이조판서 허조에게 질문했다. "경이 사사로이 좋아하는 자를 임용한다는데 그게 사실이오?" 그러자 허조는 이렇게 답변했다. "그렇습니다. 유능한 인재라면 제 친척이라도 뽑지 않을 이유가 없습니다." 철저히 능력 위주의 인사를 한다는 것이다.

다섯째, 채용 못지않게 중요한 것은 뽑은 인재를 유지하는 것이다. 세종은 이를 위해 부민고소금지법部民告訴禁止法을 만들어 고을 수령의 민사 판결에 대한 관내 백성의 고소를 금지했다. 애써 기른 인재가 모함에 희생되는 것은 국가적 손실이기 때문에 사소한 도덕성 문제가 있더라도 어찌 서둘러 죄를 줄 수가 있느냐는 것이다.

여섯째, 일단 쓰면 믿어주었다. 세종의 허조에 대한 신임은 절대적이었던 것 같다. 한번은 사헌부의 장령 이사임이 "적임자를 얻기 위해서는 왕이 친히 인재를 골라 써야 하는 것 아닙니까?"라고 채근하자 세종은 "이 한 몸으로 어찌 다 살피겠는가? 인사 담당자의 정선을 기다려 제수

할 수밖에 없다"고 답을 했다. 이조판서의 재량권을 철저하게 존중한 것이다.

세종은 인사의 귀재였고 이를 제도화하기 위해 애썼다. 이조판서 허조에게 지시해 3단계 인사 검증 시스템도 만들었다.

첫째, 정가간택精加揀柵이다. 인사 담당관이 후보의 경력과 자질, 부패 혐의, 가족관계 등을 조사하는 것이다. 이력서와 자기소개서를 살피고, 각종 관련 정보를 모으는 단계이다.

둘째, 경여평론更與評論이다. 이조 내부 관원들의 평가를 종합, 정리한다.

셋째, 중의부동衆議孚同이다. 오늘날의 인사청문회에 해당한다. 반드시 바깥 여론을 들어본 후 임명하는 것이다.

이런 인사 정책 덕분에 세종 중반에는 정사를 다스릴 인재와 무예가 뛰어난 선비가 차고 넘쳤다. 또 상당히 많은 사람들이 벼슬하기를 원했다. 오죽했으면 고려 때 충신 야은 길재 같은 사람은 유언으로 이런 얘기를 했다고 한다.

"내가 고려에 마음을 바친 것처럼 너는 마땅히 네 조선의 임금을 섬기도록 하라."

역사에 남을 세종의 성과는 인사에서 비롯되었다. 그는 인사의 중요성을 알았다. 직급을 막론하고 인재를 구하기 위해 애썼다. 단점이 나타나도 장점으로 덮어주었다. 사람에 대한 정보를 수집하고 내부의 평가를 모아 인사청문회를 열었다. 만고불변의 인사 매뉴얼을 규정대로 실천한 사람이 바로 세종이었다.

세종의 반대편에 있는 사람으로 선조를 꼽는다. 쟁쟁한 인재가 넘쳤지만 인사를 잘못해 최악의 임금 중 한 사람이 되었다. 그가 임진왜란을 당한 것도 결국 인사에 실패했기 때문이다.

생 각 해 보 기

☑ 세종의 인사 철학에 대한 의견은?

☑ 현재 당신 회사에 반영하고 싶은 것이 있다면?

☑ 당신 회사에 장영실 같은 인재가 썩고 있지는 않은가?

☑ 있다면 어떻게 발굴해 중용하겠는가?

☑ 당신 회사에 인사 검증 시스템이 있는가? 있다면 어떤 시스템인가?

조직의 수준은
리더의 수준을 벗어나지 못한다
남덕우와 박태준의 인재론

고수는 혁혁한 성과를 낸 사람들이다. 그들을 보면 혼자 일을 잘하는 사람이 아니다. 인재를 많이 발굴해 그들로 하여금 잠재력을 발휘하게끔 하는 능력을 가진 사람들이다. 그래서 '누구누구 사단'이라는 얘기가 나오기도 한다. 사람을 보는 안목이 있고, 그들을 채용한 뒤 스타로 만드는 재주가 있다.

: : 남덕우 국무총리_ 아직도 남덕우사단이라는 말이 나올 정도로 수많은 경제인을 키운 주인공이다. 특히 전두환 시절 최고의 경제사령탑이었던 김재익을 발굴한 것으로 유명하다. 그의 인사 철학 3가지는 다음과 같다.

첫째, 관찰이 가능한 범위의 인사에만 개입한다. 관찰 범위 밖에 있는 사람에 대해 인사권을 행사하면 여러 연緣이 개입하게 되고 무리가 따른다. 이런 것은 박정희 대통령으로부터 배웠다. 박 대통령은 "장관 인사는 내가 하지만 차관 인사는 장관 뜻에 따르겠다"고 늘 강조했다. 자신의 업무 범위를 넘어선다는 것이다. 그 역시 그랬다. 은행장 인사에는 개입하지만 시중 은행의 부장급 인사권은 은행장에게 넘겨주었다. 자연히 잡음이 사라진다.

둘째, 정평에 따른다는 것이다. "공직사회에는 어느 부처를 막론하고 정평이라는 것이 있다. 내 경험으로 정평에 따라 인사를 하면 나중에 옳았다는 생각을 하게 된다. 다만 부처의 장이 직원들에 대한 정평을 파악하는 데는 6개월 정도 걸린다. 그런 점에서 장관을 너무 자주 바꾸는 것은 바람직하지 않다." 서석준, 최각규, 정재석, 강경식, 이규성, 강봉균, 이헌재, 진념, 전윤철 등이 모두 정평에 따라 중용된 인물들이다.

셋째, 압력에 초연해야 한다. 사실 말이 쉽지 정평에 따라 인사를 한다는 것은 결코 쉬운 일이 아니다. 압력을 잘 물리쳐야 한다. 처음에는 물리치기 힘들지만 뜻을 분명히 하면 나중에는 압력 자체가 없어진다.

: : **박태준 회장_** 인사에 관한 한 일정 경지에 오른 사람이다. 포스코 같은 초일류기업이 탄생할 수 있었던 배경도 바로 여기에 있었던 것이 아니겠는가. 그의 말이다.

"체구가 크든 작든 전체적인 풍모에서 균형감이 느껴지는 사람이 대개 일도 잘하더라. 똑똑하고 자기 논리가 확실한 사람이 좋다."

순리대로 일하면 승진하고 미래가 보장된다는 믿음을 갖게 하는 것이 그의 인사 철학이다. 무리하지 않고 사람들에게 안정감을 심어주기 위한 핵심 키워드는 조직의 안정성과 탄력성의 조화다. 안정성만 추구하면 활기가 사라지기 때문에 탄력성을 결합시킨 것이다. 이를 위해 연공서열과 발탁의 조화를 이루고자 했다. 과장 미만은 연공서열, 과장부터는 발탁 개념을 사용했다.

결과보다는 과정의 순수성을 높이 평가했다. 그는 인사에 대해 고민을 많이 한 사람이다.

"조직의 수준은 꼭대기 수준을 따라갈 수밖에 없다. 나는 인재를 얻기 위해 혼신의 힘을 다했다. 68년 포철을 세우려고 현장에 내려가 보니 인구 5만의 작은 포구 마을에 택시는 두 대밖에 없었다. 이곳에 인재를 불러오려면 최소한 주택과 교육 등은 책임을 져야겠다는 생각이 들었다."

모스크바대 총장이 와서 국내 최고 수준의 학교와 음악당, 공장마다 설치된 목욕탕을 보며 "마르크스와 레닌이 꿈꾸던 노동자의 이상형"이라고 감탄했던 포스코 사원 주택단지는 이렇게 해서 지어졌다.

지도자는 형안총이炯眼聰耳, 즉 눈과 귀가 밝아야 한다. 형안총이는 사람을 알아보는 능력이다. 사람은 금맥과 같다. 사람은 누구나 저마다의 가치를 지니고 있다. 그 사람의 가치와 능력을 잘 파악해 적재적소에 앉히는 것이 형안이다. 그러기 위해서는 안목이 높아야 한

다. 하지만 안목은 저절로 높아지지 않는다. 경험을 쌓고 훈련을 받
아야 한다.

생 각 해 보 기

- ☑ 두 사람의 기준을 보고 느낀 점은?
- ☑ 아직 유효하다고 생각하는 것과 그렇지 않다고 생각하는 점은?
- ☑ 당신이 선호하는 사람을 박태준 회장 식으로 표현한다면?
- ☑ 그렇게 생각하는 이유는?
- ☑ 현재 조직 내에서 제 역할을 하고 있는 사람과 그렇지 않않은 사람이 있다면?

틀림없이
해내는가
이병철의 인재론

 고 이병철 전 삼성회장은 지인지감의 초절정 고수라고 해도 틀림이 없을 것이다. 이렇게 오랜 세월 부동의 한국 1위를 지키는 기업을 만들고, 삼성전자를 손꼽히는 글로벌 기업으로 키운 것이 그 증거이다. 또 많은 분야에서 삼성 출신들이 맹활약하는 것을 봐도 그렇다. 삼성에는 이른바 스카이대학 출신들만 있는 것은 아니다. 오히려 지방대학 출신들이 강세를 보인다. 채용에 뭔가 남다른 점이 있는 것이다.

이병철 회장의 인사 철학이다.

"사람이 사업을 성공시키느냐 아니냐를 결정한다. 못 미더운 사람은 아예 쓰지 말고 이왕 쓰기로 마음먹었으면 화끈하게 맡겨라."

경영의 기본은 사람이라는 것이다. 믿지 못하겠거든 쓰지 말고, 이왕 썼으면 믿고 맡기라는 말이다. 인사에 관한 한 가장 흔하게 듣는 말이다. 하지만 실천하기는 결코 쉽지 않다.

삼성이 면접 장소에 관상 전문가를 초빙했다는 얘기가 돌기도 했다. 임원 승진 때 승진 대상자들의 사주를 박 도사라는 분에게 보여 최종 결정을 했다는 전설 같은 얘기도 있다. 사실 여부를 떠나 두 가지 결론을 유추할 수 있다. 첫째, 그만큼 채용에 엄격했다는 것이고 둘째, 전문성이나 학력 같은 '보이는 것' 외에 인품이나 팔자 같은 '보이지 않는 것'을 보려고 노력했다는 것이다.

이병철 회장이 선호한 사람은 어떤 사람일까?

"눈에 잘 띄지는 않지만 틀림없이 해내는 사람이 필요하다. 자기 공을 내세우기보다는 다른 사람의 공을, 다른 사람의 기여를 얘기하는 사람, 자신을 잘 나타내지 않고 자기 절제를 잘하는 사람이 정말 조직을 위하는 사람이다. 그리고 아랫사람을 키워서 자기가 그만두더라도 회사가 계속 잘되게 기초를 다지는 사람이 필요하다."

어떤 사람인지 명확하게 그릴 수 있다. 무엇을 맡겨도 확실하게 처리하는 사람, 말보다는 행동으로 보여주는 사람, 자기 공을 드러내지 않는 사람, 부하직원을 키우는 사람이다. 좋은 사람을 뽑기 위해서는 자신이 생각하는 좋은 사람을 이 회장처럼 그릴 수 있어야 한다. 추상적인 단어가 아닌 구체적인 단어로 표현할 수 있어야 한다.

그는 아들 이건희 회장을 중앙일보 홍진기 회장에게 맡겨 일을 배우게 했다. 삼성에서 근무하기 전에 중앙일보에 먼저 취직을 시켰다. 권한 없이 밑바닥 생활을 해보게끔 하기 위해서다. 오너의 자식들은 평사원으로 입사하더라도 회사에서 활동하는 데 한계가 있다. 아무 생각없이 열심히 일을 배우고 싶어도 다른 직원들이 그의 눈치를 보기 때문에 밑바닥을 경험하기도 어렵고 생생한 현장을 체험하기도 쉽지 않다. 제대로 배우기 위해서는 아무 권한이 없는 상태에서 일을 해봐야 한다.

개성 상인들은 차인(借人)제도를 통해 이를 실천했다. 그들은 부자간이더라도 자식들에게 바로 경영을 맡기지 않고 반드시 남의 집에 가서 장사하는 법을 배우게 했다. 참 일리 있는 방법이다. 이병철 회장의 말이다.

"돈이 돈을 번다고도 하지만 돈을 버는 것은 돈이나 권력이 아니라 사람이다. 나는 내 일생을 통해서 한 80퍼센트는 인재를 모으고 기르고 육성시키는 데 보냈다. 삼성이 발전한 것도 유능한 인재를 많이 기용한 결과이다."

생 각 해 보 기

☑ 이병철 회장 얘기를 듣고 느낀 점은?

☑ 공감하는 점과 그렇지 않은 점은?

☑ 당신만의 인사 철학이 있다면?

☑ 그런 철학을 갖게 된 이유는?

☑ 당신이 선호하는 사람은 어떤 사람인지 이병철 회장 식으로 풀어쓴다면?

마차에서 자동차를 꿈꿀 수 있는가

이건희의 인재론

　　　　경영의 고수는 결국 인사의 고수다. 이건희 회장도 아버지 이 병철 회장처럼 인사에 대해서는 생각이 잘 정리되어 있다. 그 의 생각을 요약해 보면 다음과 같다.

"경영은 하나의 종합예술이다. 사장이 무능하면 그 기업은 틀림없이 망할 정도로 경영자의 역할은 막중하다. 의욕과 권한만으로는 안 된다. 종합예술가에 비유될 정도의 자질과 능력을 갖춰야 한다. 우선 미래 변 화에 대한 통찰력과 직관으로 기회를 선점할 수 있어야 한다. 혁신을 통 해 항상 새로운 것에 도전하고 변화를 추구할 수 있어야 한다. 스스로 고 부가가치 정보의 수신자, 발신자 역할을 할 수 있어야 한다. 국제적 감각 은 필수요건이다. 그 같은 핵심 인재상이 '정통 엘리트'의 중요성과 상충 되는 것은 아니다."

삼성의 성공은 이 회장이 꿈을 제시하면 그것을 참모들이 치밀한 조직력을 발휘해 뒷받침해 냈기 때문에 가능했다. 이 회장은 자신과 함께 꿈을 꾸며 새로운 콘셉트를 창출해 낼 천재들, 그 꿈을 비즈니스화해 줄 적극적이고 치밀한 인재를 가장 중요하게 생각한다.

삼성의 전·현직 고위 임원들에게 "그동안의 경험으로 볼 때 이 회장이 성실성, 창의성, 책임감, 정직성, 전문성 등 여러 덕목 중 가장 중시하는 것이 무엇이라고 느꼈는가?"라고 묻자 한결같이 창의성이라고 답했다. 삼성의 한 관계자는 "마차를 더 잘 만드는 인재도 중요하지만, 마차에서 자동차를 꿈꿀 수 있는 그런 창의적인 인재상을 바라는 것 같다. 그동안은 선진국이 만든 걸 베껴서도 잘 먹고 살았지만, 이제는 누구도 미처 생각하지 못한 것을 만들 수 있고 사물의 콘셉트를 바꿀 수 있는 사람을 원하고 있다"고 설명했다.

창의성과 더불어 긍정적, 낙관적 마음가짐도 이 회장이 바라는 인재의 덕목이다. 말이 많은 스타일보다는 충분히 준비하고 연구해서 필요할 때 집중적으로 설득력 있게 말하는 스타일을 선호하는 것으로 보인다.

경영자의 인간미도 이 회장이 중시하는 요소 중 하나이다. 이 회장은 삼성인의 자세로 "뛸 사람은 뛰고, 앉아 있을 사람은 앉아 있어라. 그런데 뛰는 사람은 앉은 사람을 무시하지 말고, '잘 쉬었다가 너도 잘 뛰라'고 격려해 줘라. 앉아 있는 사람은 뛰는 사람을 질투하지 말고 박수를 쳐주며 '나도 빨리 체력을 회복해서 다시 뛰어야지'라고 생각하자"고 강조해 왔다.

이 회장의 이 같은 인재관은 어떤 과정을 통해 형성된 것일까? 고교 동창인 홍사덕 의원이 들려준 고교 때의 일화 한 대목이다.

"당시 삼성에서 간부 한 분이 내쳐졌어요. 그런데 건희가 이병철 회장께 그분의 복권을 고집스레 건의하더군요. 그분은 나중에 삼성 발전에 큰 기여를 했지요. 당시 건희에게 고등학생이 뭘 안다고 그러느냐고 물어봤어요. 그랬더니 건희가 그러더군요. '나는 사람에 대한 공부를 제일 열심히 한다'고."

이병철 회장처럼 이건희 회장도 사람에 대한 연구를 많이 했다는 것을 알 수 있는 대목이다.

이건희 회장의 인재론은 '창의성을 갖춰야 한다, 긍정적이어야 한다, 인간미가 있어야 한다, 말보다 행동이 먼저다, 도전정신을 갖춰야 한다'로 요약할 수 있다.

그렇다면 이건희 회장이 싫어하는 CEO는 어떤 유형일까?

- 양과 수치만을 중시하고 쫀쫀하게 작은 것만 챙긴다.
- 거짓말을 한다.
- 같은 실수를 반복한다.
- 발상의 차원이 낮다.
- 직함에 안주하려 한다.
- 자기 자신에게 충성할 것을 요구한다.
- 실패할 경우를 대비해 핑곗거리를 마련해 둔다.
- 부하나 타인의 공적을 가로챈다.
- 사내 정치에 정신이 팔려 있다.
- 사람을 키우지 않는다.

이건희 회장의 사장학은 지행용훈평知行用訓評으로 압축해서 얘기할 수 있다. 많이 알고, 행동하고, 시킬 줄도 알고, 훈련시키고, 평가할 줄 알아야 한다는 것이다.

생 각 해 보 기

- ☑ 이건희 회장의 인사에 대한 의견은?
- ☑ 동의하는 것과 동의하지 않는 것은?
- ☑ 그 이유는?
- ☑ 이를 바탕으로 당신은 어떤 인재론을 만들고 싶은가?
- ☑ 창의성이 있는 사람을 어떻게 찾아낼 수 있을까?

혹독한 시련을
겪었는가
잭 웰치의 인재론

잭 웰치는 21세기 최고의 경영자로 손꼽힌다. 그의 사무실
에는 '전략보다 사람이 우선이다People First, Strategy Second'라는
격언이 붙어 있다. 그는 늘 "내 업무의 70퍼센트는 인재에 쓴다"고 말
한다.

그는 1981년 45세의 젊은 나이로 GE 회장에 취임한 이후 시가총액
130억 달러의 기업을 4,700억 달러의 세계 최대 기업으로 성장시켰
다. 시장에서 1, 2위가 아닌 사업부는 모두 폐쇄하거나 매각한다는 방
침을 세우고 취임 초기 170개 사업 가운데 110개를 정리했다. 세계화
전략, 6시그마 운동, e비즈니스 전략 등 혁신적 아이디어를 내놓기도
했다.

이런 성과의 핵심은 바로 인사 정책이다. 그는 본능적으로 인사가 경

영의 요체라는 사실을 잘 알고, 이를 실천에 옮긴 사람이다. 1983년 낡고 유명무실한 연수원 재건 공사에 드는 4,600만 달러짜리 지출안에 서명하면서 투자 회수기간 항목에 무한대infinite라고 써넣었다. 인재 확보에 드는 투자는 투자 대비 효과 차원을 넘어 기업 생존의 기본이라고 생각하기 때문이다.

잭 웰치 인사 철학의 출발점은 스포츠이다. 그는 고교시절 풋볼 선수로 활약하면서 깨달은 것이 있다고 고백한다. "운동경기에서 이기기 위해서는 최고의 선수를 발탁하고 그 선수들이 최고의 역량을 발휘하도록 환경을 만들어주어야 한다. 그 이상도 그 이하도 아니다. 하지만 경영자는 그 기본적인 사실을 너무 자주 잊어버린다"는 것이다. 그의 인사 철학은 간단하다.

첫째, 최고의 인재를 고용한다. 그러나 관리를 멈추면 안 된다.
둘째, 핵심 인재를 관리할 수 있는 제도를 마련하여 실행한다.
셋째, 보상을 하되 일회성으로 그치면 안 된다. 지속적으로 해야
     한다.
넷째, 미래 경영자감이 누구인지 주기적으로 파악한다.
다섯째, 오직 능력과 성과만으로 평가한다.

잭 웰치의 인사 철학은 차별화에서 출발한다. 그의 말이다.
"인사의 핵심은 차별화다. 잘하는 사람을 대우하고 실적이 나쁜 사람을 내보내야 한다. 실적이 부진한 사람을 보호하면 항상 뒤탈이 나게 마련이다. 무엇보다 그들이 제몫을 해내지 못하면 모든 사람에게 돌아갈

이익이 줄어든다. 그러면 그것을 원망하는 사람이 생겨난다. 가장 나쁜 것은 실적을 내지 못하는 사람을 보호하는 것이다."

그는 거대 기업 GE에서 차별화의 중요성을 절감한다. 첫 직장인 GE는 그에게 큰 좌절감을 주었다. 바로 차별화 때문이었다. 이 회사는 일을 잘하나 못하나 천편일률적으로 대우했다. 화끈한 그의 성격과는 맞지 않았다. 능력에 걸맞은 대우를 받지 못한다고 느낀 그는 이직을 결심한 적이 있었다. 이 경험 때문에 그는 다음과 같이 생각하게 되었다.

"최고에게는 그에 합당한 보상을 해주고 비효율적인 것은 없애야 한다. 엄격한 차별화만이 진정한 인재를 발굴하고 유지할 수 있게 해준다."

동시에 이런 생각도 하게 되었다.

"어린 시절 나는 게임이란 최상의 선수들을 어떻게 배치하느냐에 따라 승패가 결정된다는 것을 배웠다. 하지만 어른이 될수록 이런 명확한 사실을 잊고 그저 그런 사람들을 대충 배치하고 게임에서 이기기를 기대한다."

경영의 요체는 단순하다. 최고의 선수를 뽑아 최상의 위치에 배치하고 그들로 하여금 열심히 자기 일을 하게 하는 것이다. 그러자면 가장 중요한 것이 채용이다. 채용이 잘되면 나머지가 조금 부족하더라도 별문제가 되지 않는다. 하지만 채용이 잘못되면 나머지를 아무리 잘하더라도 소용이 없다. 채용이 가장 중요하다.

그가 채용에서 중요시하는 기준은 3가지다.

첫째, 올바른 방식으로 일하는 성실성integrity

둘째, 강한 호기심을 갖춘 지적 능력intelligence

셋째, 자신의 감정을 조절할 수 있는 성숙성maturity

그는 혹독한 시련을 겪어본 사람을 우대한다. 절대 한 번의 만남에 의지하지 않는다. 아무리 유망해 보이더라도 여러 사람이 모든 후보를 인터뷰할 수 있는 기회를 만들어 선택의 품질을 높인다. 인터뷰 중에 그 사람이 해야 할 일이 얼마나 어려운지 과장해서 이야기해 본 다음 반응을 살피는 것 등이다. 면접 때에는 전 직장을 떠난 이유를 반드시 물어보라고 충고한다. 그 사람이 전의 일자리를 왜 떠났는가에 대한 대답보다 그에 대해 더 많은 정보를 주는 데이터는 없기 때문이다.

채용 못지않게 인재 유지의 중요성도 강조한다. 그 자신의 경험 때문이다. 웰치는 플라스틱 사업부에서 엄청난 실수를 했다. 책임을 맡고 있던 공장에서 대형사고가 터진 것이다. 하지만 리드라는 상사의 현명한 조치로 위기를 벗어날 수 있었다. 그때 상사가 그에게 한 말이다.

"자네가 폭발사고로부터 배운 것이 무엇인가? 위험한 반응 과정을 개선할 수 있는가? 이 프로젝트를 계속해야 하는가?"

문제 해결을 위한 아주 이성적이고 합리적인 질문이었다. 얘기를 들은 상사는 다음과 같은 결론을 내린다.

"나중에 대규모로 작업을 할 때 문제가 생기는 것보다 지금 이런 문제가 있다는 걸 알게 되어 차라리 낫군. 아무도 다치지 않아서 천만다행일세."

그의 이런 자세는 잭 웰치에게 큰 영향을 미친다. 어떤 사람이 실수를 했을 경우, 처벌은 최후의 수단이 되어야 한다. 그때 정말 필요한 것은 격려와 자신감이다. 물론 안아주어야 할 때와 질책할 때를 구분하는 분별력은 필요하다. 그는 이 과정을 거치면서 초고속 승진을 하고 서른둘에 최연소 사업부장이 된다. 채용도 중요하지만 인재를 잘 유지하는 것 또한 중요하다. 폭발의 책임을 물어 그를 해고했다면 오늘날의 잭 웰치는 없었을 것이다.

1973년 잭 웰치는 부품소재 그룹 사장이 된다. 승진을 하면서 깨달은 것은 바로 "내 성공은 내가 채용한 사람들에 의해 이루어진다"는 사실이었다. 그는 업무에 적임자를 기용하는 것이 얼마나 중요한지를 절감한다. 그는 채용에 있어 여러 실수를 저질렀다고 고백하면서 이렇게 충고한다.

첫째, 외모를 보고 사람을 채용하지 마라. 마케팅 부문의 사람을 채용할 때 외모 등 겉모습이 그럴싸하고 말솜씨가 뛰어난 사람을 채용했는데, 아주 소수를 제외하고는 완전히 실패작이었다.

둘째, 언어능력을 채용 기준으로 삼지 마라. 특히 아시아지역에서 사람이 필요할 때 지원자가 영어를 잘하면 다른 능력도 뒷받침될 것으로 생각해 채용했지만 결과는 부정적이었다. 즉 언어능력만을 채용 기준으로 삼는 것은 문제가 있다.

셋째, 학벌을 능력과 연계시키지 마라. 잭 웰치 자신이 농업학교에서 발전한 매사추세츠대학을 나왔기 때문에 학벌에 많은 영향을 받았다. 경험이 없고 능력이 검증되지 않은 상태에서 화려한 이력서에 넘어가지 말라는 의미이다. 잭 웰치는 자신이 진정으로 필요로 하는 사람은 바로 욕망과 열정으로 가득 찬 사람이라는 것을 깨달았다. 그러나 이력서만으로 그것을 알 수는 없다.

인사는 일상이 되어야 한다. 언제 어디서 능력 있는 사람을 만나게 될지 알 수 없다. 잭 웰치는 모든 사람과의 만남을 하나의 인터뷰라고 생각했다. 그는 인사 관련 회의를 무척 강조했는데 그 이유는 차별화 때문이다.

물건은 만들면서 품질의 편차를 줄여나갈 수 있다. 하지만 사람은 능력 차이가 곧 모든 결정의 기준이 된다.

GE 리더 의 기준은 4E이다. 에너지energy, 목표를 달성하기 위해 다른 사람들에게 활력을 불어넣을 수 있는 능력energize, 까다로운 의사 결정 과정에서 예와 아니오를 분명하게 말할 수 있는 결단력edge, 자신의 약속을 행동으로 옮길 수 있는 실행력execute이다.

잭 웰치는 하위 10퍼센트를 그만두게 했다. 사람들은 잔인한 처사라고 얘기했지만 그는 동의하지 않았다. 그가 생각하는 잔인하고 거짓된 친절은 스스로 발전하기 위해 노력하지 않는 사람을 회사에 계속 붙잡아 두는 것이다. 진정으로 잔인한 것은 그들이 나이 들어 직업 선택의 기회가 줄어들고 자녀들이 성장해 교육비가 엄청 들 때를 기다렸다가 회사를 그만두게 하는 것이라고 생각했다.

GE는 치열한 승계 경쟁으로도 유명하다. 무엇이 잭 웰치를 회장으로 만들었을까? 전임 회장이 리더의 역할에 대해 물었을 때 그는 이렇게 대답했다.

"사람들에게 높은 목표를 갖도록 끊임없이 요구하고, 장래가 촉망되는 직원에게는 무수한 도약의 기회를 제공하며, 재능과 야망을 가진 인재를 불러 모으는 데 필요한 분위기를 만들기 위해 노력한다."

과연 GE 회장다운 기막힌 대답이 아닐 수 없다. 특히 채용의 중요성을 강조한 대목이 돋보인다.

"리더십이란 주변 사람들이 더 열심히 일하고 더욱 일을 즐기며, 마침내는 그들이 가능하다고 여겼던 것 이상의 성취를 이룸으로써 자신에 대해 더 많은 존경심과 자신감을 얻게 하는 것이다."

잭 웰치는 GE에 혁명이 필요하다고 느꼈다. 현재 상태로는 어떤 변화도 가져올 수 없겠다고 판단했다. 겉으로는 서로 친밀하고 아무런 갈등이 없는 척하지만 그 이면에 불신과 불만이 가득한 피상적 일체감 속에서 지내고 있었다. 그는 관료화된 조직을 과감히 수술했고 결과는 성공이었다.

조직에서 최고의 성과를 내기 위해서는 직위나 업무에 상관없이 좋은 아이디어를 끊임없이 자유롭게 주고받을 수 있어야 한다. 스웨터 4개를 껴입으면 바깥 날씨를 알 수 없다. 두터운 관료주의는 시장 감각을 무디게 만든다. 잭 웰치는 현실 인식의 중요성을 강조했다. 그것은 어머니의 영향을 받은 것이었다. 그의 어머니는 늘 이렇게 말했다고 한다. "자신을 속이지 마라. 그렇다고 현실이 바뀌는 것은 아니다." 그는 이 말을 직원들에게도 들려주고 싶었던 것이다.

'한 손에는 물뿌리개를, 또 한 손에는 비료를 들고 꽃밭에서 꽃을 가꾸는 사람.' 이것이 잭 웰치가 생각하는 경영자의 역할이다. 꽃이 무럭무럭 자라도록 물과 비료를 주는 것처럼 우수한 인재를 발굴해 그들이 능력을 발휘하도록 도와주는 것이 경영자의 역할이라고 그는 생각했다. 흔히 미래의 비전과 중장기 전략 수립 같은 폼 나는 과업이 리더의 역할이라고 생각하지만 잭 웰치는 달랐다. 그는 우수한 인재를 발굴해 그들이 능력을 발휘하게끔 도와주는 물뿌리개와 비료의 역할이 자신이 할 일이라고 정의했다.

생 각 해 보 기

☑ 잭 웰치의 인사 철학을 보고 느낀 점은?

☑ 차별화에 대한 당신 생각은?

☑ 현재 당신 회사에도 차별화가 있는가? 아니면 평등한가?

☑ 당신 회사 리더십의 기준은?

☑ 그렇게 생각하는 이유는?

CHAPTER 02

회사가 망하는 건
불황 때문이 아니다

:: 채용의 성패를 가르는 인사의 밑그림

'인사가 만사'인
까닭은?
회사를 살리는 인사의 원칙

세계적인 경영학의 대가 피터 드러커는 이렇게 말했다.

"인사가 왜 중요할까? 그것은 경영자의 가치관이 무엇인지를 확연하게 보여주기 때문이다. 어느 기업을 인수했다는 사실은 그저 그런 반향을 일으키지만 어떤 사업부의 책임자에 누가 임명되었다는 사실은 즉시 큰 반향을 불러일으킨다. 제대로 된 인사를 한다면 직원들은 이런 말을 할 것이다.

'그는 그 자리에 앉을 자격이 충분히 있어. 그를 선택한 것은 정말 탁월한 결정이야. 지금 빠르게 성장하고 있는 그 사업에 그만한 적임자는 없어.'

만일 정치적 수완이 승진의 사유였다면 모든 사람들이 그런 사실을 알게 될 것이다. 그리고 이렇게 말할 것이다.

'음, 이제 알았어. 우리 회사에서 출세하는 길 말이야.'

사람들은 회사가 자신에게 정치적 기질을 요구한다는 점에 환멸을 느끼게 될지도 모른다. 그러고는 회사를 그만두거나 정치가가 되거나 둘 중 한 가지를 선택하게 될 것이다.

조직에서 일하는 사람들은 다른 사람들이 출세하거나 좋은 대우를 받는 것을 보면 그 사람의 행동을 그대로 본받으려는 경향이 있다. 이는 당연한 일이다. 만일 아무런 성과도 올리지 못하는 아첨꾼이나 잔꾀 많은 사람이 승진을 한다면 그 조직은 곧 아첨꾼이나 잔꾀 많은 사람들의 세상이 되고 말 것이다. 공정한 인사를 위해 최선의 노력을 기울이지 않는 경영자는 조직의 성과에 해를 끼치는 것 이상의 잘못을 하고 있다. 그들은 구성원이 조직에 갖고 있는 경외심을 훼손시키고 있는 것이다."

모 회사는 학연이 크게 작용하는 곳으로 유명하다. 실제로 사장의 출신 학교인 K고교와 Y대학 출신들이 요직을 독점하고 있다. 그 회사 직원들은 이렇게 농담조로 자조한다. "K고교에 Y대학까지 나오면 광어고요, 둘 중에 하나를 나오면 도다리고요, 이도 저도 아닌 저 같은 사람은 잡어랍니다." 농담을 하고 있는 순간 이 사람들은 이미 마음속으로 결심하고 있을 것이다. '지금이야 먹고살자고 이 회사에 다니지만 기회만 오면 뛰쳐나가고 말리라. 실력으로 평가받는 그런 회사에 가서 실력으로 승부하리라.'인사 담당자는 절대 그런 일이 없다고 공언하지만 직원들은 이미 본능적으로 알고 있다.

이런 회사의 가장 큰 문제점은 아무도 일을 하지 않는다는 것이다. 우선 잡어는 일을 열심히 하지 않는다. 아무리 일해도 절대 임원이 될 수 없기 때문이다. 광어 또한 일을 하지 않는다. 일을 안 해도 임원은 떼 논 당상이기 때문이다. 그러니 무슨 수로 회사가 경쟁력을 갖겠는 가?

모 연구소에도 그런 계보가 있다. S대학 특정 학과를 나온 사람이 역대 연구소장을 독점해 왔다. 그들은 수시로 모여 형님 동생 하면서 그들만의 우의를 다진다. 자기들끼리는 쉬쉬하지만 본인들을 제외한 연구소 사람 모두가 알고 있다. "우리가 남인가, 마르고 닳도록 자랑스러운 우리 과科 출신이 이 연구소의 모든 것을 한번 차지해 보자"고 하는 걸 말이다. 직원들은 이들을 1대 제자, 2대 제자라는 식으로 부른다. 지난번 연구소장이 1대 제자였고, 현 연구소장이 2대 제자인 만큼 차기 연구소장은 이변이 없는 한 3대 제자인 모 씨일 거라고 숙덕인다. 본인도 이런 풍문을 모를 리 없고 가끔 질문을 받는데, 오히려 이런 질문을 은근히 즐기고 있는 것 같다.

만약 그 자리에 도무지 어울리지 않는 사람이 사장과 같은 학교를 나왔거나 특정 지역 출신이라는 이유로 승승장구한다면 사람들은 저 학교를 못 나온 이상, 저 지역 출신이 아닌 이상 이 회사에서 출세하기는 글렀다고 생각하게 될 것이다. 그러한 일이 반복되면 조직과 리더에 대한 존경심이 사라지고 말 것이다. 이렇듯 사사로운 정에 끌려 인사를 하거나, 학연과 지연 따위에 얽혀 적재적소에 사람을 쓰지 못할 경우 그 폐해는 말할 필요가 없을 만큼 크다.

그래서 최고경영자의 의사결정 중 가장 중요한 것은 바로 인사다. 비전, 전략, 마케팅, 기술개발 등 최고경영자가 의사결정을 해야 할 일이 여러 가지이지만 그 모든 것이 결국은 사람을 통해 이루어지기 때문이다.

적절한 인사는 성과로 나타난다. 피터 드러커는 새로운 사람을 배치한 후 3개월간 아무 성과가 나타나지 않으면 그것은 잘못된 의사결정이라고까지 말한다. 최고경영자가 자신의 생각을 펼치는 것은 무엇보다도 인사를 통해서이다. 사람들 역시 인사를 통해 최고경영자를 판단한다. 그가 어떤 사람을 중시하는지, 어떤 사람이 대우를 받는지를 보면 최고경영자의 생각과 가치관을 미루어 짐작할 수 있다. 가치관이란 말보다는 행동에 나타나게 되어 있다.

최고경영자의 행동과 의사결정은 늘 사람들의 관심을 받게 마련인데, 특히 인사에 관한 의사결정이야말로 사람들에게 가장 강력한 영향력을 행사한다. 그래서 인사가 만사인 것이다.

조직의 생산성을 올리는 데 인사가 매우 중요하다는 것은 누구나 인정하는 사실이다. 전략도 결국은 사람이 세우는 것이고, 불량률 감소도 사람이 움직여야 가능하기 때문이다. 그러므로 어떤 사람을 뽑을지, 그 사람을 어디에 배치하고 어떻게 육성할지는 모든 리더의 관심사항이다.

우리는 이와 관련하여 조직 안의 모든 사람이 공감할 수 있는 인사의 원칙을 좀 더 명확히 해둘 필요가 있다.

첫째, 쓸 사람이 채용하고, 채용한 사람이 양성하고 모든 책임을 질 것. 이렇게만 되어도 조직의 생산성이 두 배는 올라갈 것이다. 예전에는 뽑는 사람과 쓰는 사람이 따로 있었다. 쓸 사람이 직접 뽑아야 채용의 실수가 줄어드는데, 뽑는 사람이 따로 있다 보니 채용에서 많은 낭비 요인이 발생한다. 마치 만나보지도 못한 채로 부모님이 찍어준 배우자와 결혼을 하는 것과 같다. 요행으로 맘에 들면 상관이 없지만 그렇지 않을 경우 쓰는 사람이나 채용된 사람이나 곤혹스럽다. 채용과 이직으로 인한 비용 발생은 두말할 필요도 없다.

둘째, 궁합을 확인할 것. 자리에 맞는 사람을 배치하는 것은 본인을 위해서도 조직을 위해서도 필요한 일이다. 주기적으로 현재의 자리에 본인이 만족하고 있는지, 그 자리에 적합한 사람인지를 확인해야 한다. 만일 만족하지 못하고 있든지, 적합하지 않은 인물이라는 것이 확인되면 조치를 취해야 한다. 또 주기적으로 상사와 부하직원의 궁합도 확인할 필요가 있다. 일 자체는 마음에 드는데 상사 때문에 갈등하는 경우가 적지 않기 때문이다.

셋째, 투명하게 평가할 것. 그러기 위해서는 무엇을 평가기준으로 하느냐와 누가 평가할 것이냐를 결정해야 한다. 이것이 명확하지 않으면 평가받는 사람은 결과를 받아들이려 하지 않을 것이다. 절차가 불투명하면 평가자도 피평가자도 엉뚱한 소리를 하면서 정력을 낭비할 수 있다. 이런 식이다. "나는 좋게 평가하고 싶었는데 인사부에서 혹은 차상급자가 트는 바람에 문제가 생겼다." 이렇게 되면 평가를 받는 사람도 결과에 승복하지 않게 되고, 피드백이 제대로 이루어지지 않기 때문에 개인의 발전도 더디어진다.

넷째, 리더십 파이프라인을 만들 것. 리더십 파이프라인이란 리더가 계속해서 성장할 수 있는 체계를 말한다. 리더의 가장 중요한 역할은 성장 가능성이 있는 사람을 육성하는 것이다. 현직에 있을 때 아무리 좋은 성과를 냈더라도 그 사람이 떠난 후 조직이 와해되거나 문제가 발생한다면 엄밀한 의미에서 훌륭한 리더라 할 수 없다. 후계자를 키워놓지 못했기 때문이다. 잘나가던 모 건설회사가 망한 것은 갑자기 회장이 사망했기 때문이다. 후계자에 대해 아무런 준비가 없던 조직에 그보다 더 큰 날벼락은 없다.

사람의 일은 알 수 없다. 리더의 갑작스러운 부재에 대비해 공식 조직표 외에 후계자에 대한 별도의 조직표를 갖고 있어야 한다. 당장 자기 역할을 해줄 수 있는 사람, 1년 후에 가능한 사람, 2년 후에 가능한 사람… 이런 식으로 준비해 두어야 한다.

기업의 영속성이 문제 되는 것은 수많은 위험요소 때문이다. 그중 하나가 바로 사람으로 인한 위험이다. 준비되지 않은 사람이 영향력이 큰 위치에 오르는 것만큼 위험한 일은 없다. 자격이 없는 사람이 팀장 위치에 오르는 것도 마찬가지이다. 인사의 원칙이 흔들리게 되기 때문이다.

따라서 기업은 정해놓은 원칙과 실제 현실이 일치하는지를 늘 꼼꼼히 점검해야 한다. 리더들이 직급에 따른 역할을 제대로 하고 있는지, 자리와 사람이 맞는지, 어느 부분이 막혀 있는지, 이를 뚫으려면 어떻게 해야 하는지를 생각해야 한다. 또 미래에 우리 조직을 이끌고 나갈 사람은 어떤 사람이어야 하는가, 리더가 될 사람을 어떻게 조기에 발굴하여 훈련시킬 것인가를 고민해야 한다. 그것이 위험을 최소화하는 길이고, 기업의 영속성을 높이는 길이다.

☑   인사가 정말 중요하다고 생각하는가?

☑   그렇게 생각하게 된 이유나 계기가 있다면?

☑   당신 회사의 우선순위 1번은 무엇인가?

☑   인사는 몇 번째에 속하는가?

☑   그렇게 생각하는 이유는?

엄격하게 골라서
유연하게 활용하라
조직의 생명 '인사 프로세스'

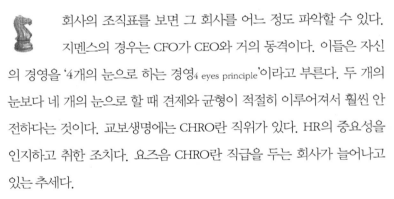회사의 조직표를 보면 그 회사를 어느 정도 파악할 수 있다.
지멘스의 경우는 CFO가 CEO와 거의 동격이다. 이들은 자신
의 경영을 '4개의 눈으로 하는 경영4 eyes principle'이라고 부른다. 두 개의
눈보다 네 개의 눈으로 할 때 견제와 균형이 적절히 이루어져서 훨씬 안
전하다는 것이다. 교보생명에는 CHRO란 직위가 있다. HR의 중요성을
인지하고 취한 조치다. 요즈음 CHRO란 직급을 두는 회사가 늘어나고
있는 추세다.

기업은 사람이 전부이다. 전략도 중요하고, 시스템도 필요하고, 상품
과 서비스도 중요하지만 어디까지나 그 근본은 사람이다.

인사의 시작은 채용이다. 사실 채용이 전부라 할 수 있다. 배우자를 대
충 고르는 사람은 없다. 대충 고른 후 교육시키고 동기부여해 보았자 효

율은 떨어진다. 가장 중요한 것은 자격 있는 사람을 고르는 것이다. 사장의 사람 보는 안목이 중요할 수밖에 없다. 이병철 회장은 이 방면에 탁월하다. 이병철의 운전기사였던 위대식은 훗날 삼성그룹의 이사급 운전기사가 되어 세간의 화제가 된 인물이다. 그는 인민군 치하에서 이병철에게 돈을 구해다 준 일화로 유명하다. 그는 당시 자전거로 서울에서부터 삼성물산 창구가 있는 인천까지 오고갔다. 당시 창고는 인민군이 지키고 있었는데, 그는 인민군에게 뇌물을 주고 약간의 물건을 빼오고 그것을 암시장에서 팔아 이병철에게 가지고 왔다. 목숨을 건 행동이었다. 그 돈은 임직원들이 피난 갈 때 요긴하게 사용된다. 대구 시절 이창업도 그런 사람이다. 그는 조선양조와 삼성상회 경영을 맡고 있었는데, 청주 월계관과 삼성사이다로 막대한 이윤을 내고 있었다. 이창업은 전쟁 때문에 빈털터리로 내려온 이병철에게 그간 벌어들인 이익금 3억 원을 내놓았고, 이병철은 이를 바탕으로 다시 한 번 재기한다. 그의 사람 보는 안목이 사업을 살린 것이다.

단체경기를 좋아하고 잘하는 사람을 뽑는 사장이 있다. 축구나 농구 같은 단체경기를 하다 보면 자신도 모르는 사이에 리더십이 길러진다는 것이다. 개인 플레이를 하는 것보다 팀워크를 이루어 일하는 것이 유리하다는 사실을 저절로 알게 되기 때문이다. 그래서 성공한 CEO 중에 운동을 잘하는 사람이 많다. 잭 웰치는 미식축구와 아이스하키 선수였고 한때는 프로 진출을 심각하게 고려했다.

엘지화학기술연구원의 유진녕 원장도 그렇다. 그의 얘기이다. "연구소에는 석·박사 학위 소지자가 많습니다. 그들은 자기 전문분야가 분명하기 때문에 고집이 센 경향이 있지요. 그렇지만 연구개발이야말로 팀워크가 있어야 성공할 수 있습니다. 그래서 저는 늘 어떻게 하면 팀워크가 좋은 사람을 채용할 수 있을까 고민했는데, 대체로 단체경기를 좋아하는 사람이 성격이 원만한 경향이 있더군요. 물론 제가 축구 같은 경기를 좋아하는 것도 이유지만요."

서린바이오사이언스 황을문 회장은 신입사원 채용 기준 중 하나로 '만기적금을 타본 경험이 있는 사람'을 꼽는다. "만기적금을 탔다는 것은 여러 가지를 시사합니다. 생각보다 그런 사람이 많지 않습니다. 그것은 성실성, 근면성과 인내심 등을 증명합니다. 다른 말이 필요없지요."

동기부여도 그렇다. 이미 동기부여가 된 사람을 채용하는 것이 원칙이다. 근본이 나태한 사람을 채용한 후 온갖 방법을 다 구사해 보라. 언젠가는 성공할 수도 있겠지만 그때까지 너무 많은 비용을 지출해야만 한다.

채용 다음은 배치다. 누구를 어디에 얼마나 오랫동안 배치할지를 결정하는 것이다. 가장 위험한 방법은 무조건 전공만 보고 배치하는 것이다. 대학 전공이란 그렇게 믿을 만한 것이 못 된다. 전공을 했지만 그 분야에 대해 아무것도 모르고 취미도 별로 없는 사람이 있을 수 있다. 전공하지는 않았지만 그 분야에 대해 누구보다 잘 알고, 흥미를 느끼는 사람도 있다. 한국은행의 전산팀장을 맡았던 김대현이 그렇다. 그는 원래 호기심이 많았고, 특히 전산 쪽에 관심이 많았다. 하지만 부모님의 바람과 당시 추세에 따라 서울대 경제학과를 다녔고 그런 연유로 한국은행에 들어갔다. 하지만 전산에 대한 관심이 줄기는커녕 점점 늘어갔다. 무슨 목적이 있어 그런 것이 아니라 스스로 즐기기 때문이었다. 결국 그 전문성을 인정받아 전산팀장을 맡기에 이른 것이다. 전공대로 배치해야 한다는 고정관념은 버리는 것이 좋다. 그렇지 않을 수도 있다는 가능성을 늘 열어두라.

쓸 사람의 의견을 무시한 배치도 문제이다. 가장 중요한 것은 쓸 사람이 채용에 관여하는 것이다. 일에 맞는 자질과 역량이 있는지 여부는 쓸 사람이 가장 잘 안다. 일할 사람도 그렇다. 자신이 장차 어떤 사람과 어떤 종류의 일을 하게 될지 알아야 한다. 서로가 마음에 들어야 한다. 둘 중 하나가 맘에 들지 않으면 제대로 성과를 내지 못할 것은 당연하다.

순환보직에 관한 결정도 사람에 따라 달라져야 한다. 어떤 사람은 한 가지 일을 지속적으로 하는 데 주특기가 있다. 관리자가 되는 것보다는 자기 분야에서 전문성을 인정받는 데 높은 가치를 둔다. 어떤 사람은 싫증을 잘 내고 새로운 분야에 도전하는 것을 좋아한다. 어떤 사람은 전문적인 일보다는 사람을 관리하는 데 강점이 있다. 그러므로 각자의 특성을 파악해 결정하는 것이 바람직하다.

배치를 인재개발의 도구로 사용하는 기업도 많다. 로레알이 그렇다. 이들은 앞으로 키울 인재에 대해서는 도전적인 과제를 부여한다. 신규 프로젝트나 부담스러운 일을 던져준 다음 고난의 과정을 어떻게 극복하는가를 예의 주시한다. 어려운 프로젝트를 훌륭하게 수행하면 당연히 보상을 해준다. 승진도 방법이다. 별다른 차이가 없는 사람이 뜬다면 동기들이 불만을 품는다. 하지만 이런 과정을 통과한 사람을 대접하면 불만이 생기지 않는다.

축구경기가 잘 풀리지 않을 때 감독이 하는 일 중의 하나는 선수 교체다. 새로운 선수를 투입해 승리를 거두는 것이 감독의 역할이고 능력이다. 배치는 그만큼 중요하다. 적절한 교체도 필요하다. 가끔은 훌륭한 선수도 벤치에 앉혀두어야 한다. 이 모든 것을 잘하기 위해서는 선수를 잘 파악하고 있어야 한다. 물론 약점보다는 강점에 초점을 맞춰야 한다.

인사는 끝이 없다. 채용부터 배치, 평가, 교육, 해고의 프로세스가 수레바퀴처럼 끊임없이 돌아간다. 그 안에서 조직은 지속가능한 발전의 길을 찾게 된다.

생 각 해 보 기

☑ CHRO가 있는가? 없다면 그 이유는?

☑ 당신의 채용 기준은?

☑ 어떻게 직원들에게 동기부여를 하는가?

☑ 주기적으로 순환보직을 하는가?

☑ 배치할 때의 기준은?

지금의 인력으로
가능할까?
인사권자가 놓치지 말아야 할 질문들

IT업계에서 명성을 날리던 회사가 있었다. 증시에서 연일 상종가를 기록했고 사장은 자주 언론에 소개되고 여기저기 강의도 많이 다녔다. 그러던 회사가 신제품 개발에 실패하면서 바로 위기설에 휘말렸다. 그즈음 한 금융회사에 경력 사원 강의를 나갔던 필자는 깜짝 놀랐다. 그 IT회사 홍보실 직원들이 단체로 이 회사로 전직을 했기 때문이다. 팀장 얘기를 들어보니 명확했다.

"밖에서 보는 것보다 훨씬 상황이 심각합니다. 더 이상 생존 가능성이 없어 고민하던 차에 이 회사에서 홍보실을 만든다는 얘기를 듣고 단체로 이직을 했습니다."

얼마 후 이 회사는 부도처리되었다. 부도가 나기 전 이미 능력 있는 사람들은 각자 살길을 찾아 이직을 했을 것이다.

천재지변은 사람보다 쥐나 뱀 같은 동물들이 먼저 알고 도망을 친다. 본능적인 직감이 그만큼 발달했다는 뜻이다. 기업도 그렇다. 높은 사람보다는 밑에 있는 직원들의 후각이 날카롭다. 내부 직원보다는 입사를 앞둔 신입 사원이나 전직을 앞둔 경력 사원들이 회사의 상태를 정확하게 알고 있을 수 있다. 그들은 안테나를 세워 자신이 입사할 회사에 대해 많은 정보를 수집한다. 그렇기 때문에 어떤 면에서는 애널리스트보다 정확한 판단을 내릴 수 있다. 만약 지원율이 예년에 비해 뚝 떨어지면 그것은 결코 간단히 넘길 일이 아니다.

당신 회사가 시장에서 어떤 평을 받고 있는지 알고 싶다면 졸업을 앞둔 명문대학의 경영학과 학생들에게 당신 회사에 입사할 의향이 있는지 물어보라. 예전에는 간간이 오던 학생들이 얼마 전부터 씨가 말랐다면 문제가 심각한 것이다.

반대로 우수한 인재들의 지원이 증가하고 있다면 긍정적으로 봐도 무방하다. A급 인재의 동향 역시 중요한 시그널이다. 만약 A급 인재가 경쟁사로 간다면 그냥 봐 넘길 일이 아니다. 한두 명이 아니고 숫자가 제법 된다면 이미 당신 회사는 기울고 있을 가능성이 높다. A급 인재가 떠난다면 떠나는 이유를 꼭 물어봐야 한다. 오기로 약속했던 사람이 입사 제안을 거절한다면 반드시 이유를 알아야 한다. 누가 어떤 이유로 그만두는지, 떠난 다음 어느 회사로 향하는지, 회사의 어느 부분에서 가장 많은 인원이 이탈하는지 등등. 하지만 많은 기업들은 이 부분에 대해 놀랄 만큼 무심하다. 심지어 배부른 자의 사치로 치부하기도 한다.

이직률은 양면의 칼과 같다. 너무 낮은 것은 문제가 된다. 이직률이 제로인 회사가 있다. 이직률이 제로면 동맥경화증에 걸린다. 떠나는 자가 없으니 새로 들어오는 자도 없다. 매일 보는 사람끼리 일을 하니 아무 자극도 없고 시장 변화에 둔감해진다. 공공기업 성격을 띤 회사 중에 그런 회사가 많다. 한번 들어온 사람은 절대 나가지 않는다. 신분이 안정되고 먹고살 만하기 때문이다. 내부적으로는 끈끈하지만 외부 자극에 둔하다. 오로지 몇 개 남지 않은 자리를 놓고 승진에 목숨 거는 일이 벌어진다. 승진에 목숨 거는 조직치고 제대로 된 조직은 없다.

이직률이 너무 높아도 큰 문제다. 20퍼센트가 넘는다면 비정상적이라고 봐야 한다. 이직에는 A급이 떠나는 것과 C급이 떠나는 것 두 종류가 있다. 대부분 A급이 떠난다. A급은 오라는 데가 많고 교섭권이 세다. 그들은 본능적으로 이 회사에 계속 붙어 있는 것이 나은지 아니면 떠나는 것이 유리한지를 정확하게 판단한다. 급여가 높고 근무 조건이 좋은 것은 A급들에게 별로 중요하지 않은 문제일 수 있다. 배울 게 없고, 오래 있어봐야 나이만 먹는다는 생각이 드는 순간 이들은 떠난다. 악화가 양화를 구축하는 메커니즘이 정착되면 회사는 생존할 수 없다.

이직률이 30퍼센트에 육박한다면 아무런 지식의 축적이 이루어지지 않고 늘 신입사원들 수준으로 회사가 굴러갈 것이다. 고객 입장에서는 일을 할 만하면 담당자가 바뀌는 꼴이다. 즉각 정보를 수집해 대책을 세워야 한다. 이직률이 비정상적으로 높은 부서는 부서장이 문제일 가능성도 있다. 나가는 사람을 밀도 있게 인터뷰해 보면 의외로 많은 정보를 구할 수 있다.

그렇다면 건강한 조직을 위한 이상적 이직률은 얼마나 될까? 이는 논란의 여지가 있다. 조직이나 업종이 처한 조건이나 목표에 따라 달라질 수 있는 문제이기 때문이다. 굳이 결론을 말하라면 너무 낮아도 안 되고 너무 높아도 안 된다는 것이다. 적절히 나가고 적절하게 들어오는 것이 좋다. 물론 업종마다 조금씩 다를 수 있다.

인사에 관한 정보에 늘 안테나를 세워두어야 한다. 만약 이 정보를 우습게 본다면 반드시 후회스러운 대가를 지불하게 될 것이다. 여기서 몇 가지를 점검해 보자. 인사권자라면 반드시 짚고 넘어가야 할 질문들이다.

- 당신 회사의 이직률은 얼마나 되는가? 연도별 추이는 어떤가? 그 이유를 파악하고 있는가?
- 부서별로 A급 직원들의 이직률과 C급 직원들의 이직률은? 거기에 대해 매니저들에게 책임을 묻고 있는가?
- A급 직원들이 떠나는 이유는 무엇인가? 대책을 세우고 있는가?
- 임원 중 반드시 필요한 사람과 없는 것이 도움이 되는 사람의 비중은 어떻게 되는가? 그렇게 생각하는 근거는 무엇인가?
- 최근 반드시 필요한 임원 중 떠난 사람이 있는가? 그들이 떠난 이유는 무엇인가? 재발 방지를 위해 어떤 노력을 하고 있는가?
- 필요 없는 임원에 대해서는 어떤 대책을 갖고 있는가? 시간이 흘러가는 것을 대책으로 생각하는 것은 아닌가?
- 무능한 임원 때문에 조직을 떠나거나 성장하지 못하는 중간관리자가 얼마나 있는가? 언제까지 이 상태를 방치할 생각인가?
- 중간관리자 중 반드시 있어야 하는 이는 몇 퍼센트나 되는가?
- 중간관리자 중 지난 3년간 조직을 떠난 이들은 얼마나 되는가? 그 이유는 무엇

인가?

- 중간관리자 중 바로 임원을 시켜도 무방한 사람이 얼마나 되는가? 바로 임원을 시키지 않는 이유는 무엇인가?
- 이미 상사의 수준을 넘어선 직원 비율은 얼마나 되는가?

위의 질문에 답을 하면서 많은 생각을 했을 것이다. 아니면 전혀 생각도 못해 본 문제일 수도 있다. 어느 정도 위의 질문에 답을 한 후에 다음 질문에도 답을 해보라.

- 인재 풀 강화가 우선순위 3위 안에 속하는가?
- 인재 풀 강화를 위해 어떤 일을 하는가? 얼마나 많은 시간을 쓰고 얼마나 많은 사람을 만나는가?
- 인재관리에 더 많은 시간을 할애할 준비가 되어 있는가?
- 인재 풀 강화를 위해 대담한 조치를 취할 수 있는가?

전략이 중요한 게 아니다. 새로운 사업에 진출하는 게 능사가 아니다. 그보다 중요한 것은 적절한 사람이 그 자리에 가 있느냐이다. 엉뚱한 사람을 앉혀놓고 성과가 나기를 바라는 것은 연목구어일 뿐이다.

새로운 사업에 진출하고 싶은가? 이를 수행할 사람이 얼마나 있는가? 엄청난 성장을 하고 싶은가? 지금의 인력으로 그것이 가능하다고 생각하는가?

획기적인 변화가 필요하다면 우선 인력 풀을 들여다보고 현실을 냉정하게 돌아볼 수 있어야 한다. 때로는 전원을 교체해야 할 수도 있다. 사람을 바꾸지 않고 뭔가 변화를 꾀한다는 것만큼 무의미한 일은 없다.

사람은 많은데
인재가 없다?
인사가 어려운 3가지 이유

혼자 힘으로 수천억 원대의 중견그룹을 일구어낸 김 회장은 나이가 들면서 심신이 피곤해졌다. 대기업 출신의 전문경영인을 몇 명 영입해 보았지만 흡족한 사람은 없다. 도대체 알아서 하지를 못하고, 안 되는 이유만 늘어놓기 일쑤다. 전문경영인 역시 오너가 마음에 들지 않는다. 뭔가 갖추어놓고 요구하는 게 아니라 아무것도 없이 성과를 내라고 자꾸 밀어붙이기만 한다. 좋은 인력이 풍부하고 시스템이 갖추어진 곳에서 일하던 사람에게 이는 맨땅에 헤딩하라는 것이나 마찬가지다.

취업이 하늘의 별 따기인 요즘에도 한쪽에서는 사람이 없다고 아우성이다. 여기저기 많이 다니는 필자 같은 사람은 '이러이러한 사람'을 찾아달라는 요청을 심심치 않게 받는다. 이들은 하나같이 '막상 쓰려면 사람이 없다'고 하소연한다. 왜 그럴까?

첫째, 적합한 자리와 사람을 매치시키는 것이 그만큼 어렵기 때문이다. 수백만 청춘남녀가 대로를 활보하지만 짝을 찾지 못해 헤매는 노총각과 노처녀가 얼마나 많은가? 정말 사람이 없어서가 아니라 기대에 부응하는 사람을 만나기가 그만큼 쉽지 않은 탓이다.

둘째, 기대가 너무 큰 경우도 많다. 위의 중견기업은 처우 면에서 대기업과 큰 차이가 난다. 하지만 회장의 기대치는 하늘을 찌른다. "우선 관리능력이 있어야 하고, 대인관계가 원만해야 하고, 조직을 장악해야 하고, 무엇보다 성과를 팍팍 내야 합니다. 그리고…" 얘기를 듣다 보면 그렇게 다재다능한 사람이 이 회사가 제시하는 조건을 받아들일까 고개를 갸웃하게 된다.

셋째, 사람을 키울 생각을 하지 않기 때문이다. 적토마는 처음부터 명마가 아니었다. 야생의 거친 말을 백락이라는 사람이 알아보고 길들여 명마로 만든 것이다. 현재를 가지고 사람을 판단하는 것도 필요하지만 그 사람의 성장 가능성을 보는 눈도 중요하다. 또 그를 체계적으로 성장시키는 것이 중요하다. 그것이 리더의 역할이고 그런 일을 잘하는 기업이 일류기업인 것이다. GE 출신을 시장에서 우대하는 것이 바로 그 때문이다. GE가 채용을 잘하고 리더십 파이프라인을 통해 제대로 사람을 성장 발전시킨다고 판단하기 때문이다.

고수는 눈이 밝은 사람이다. 한나라를 통일한 유방이 대표적이다. 그는 천하를 통일한 후 이렇게 말했다. "장막 안에서 계책을 세워 천리 밖에서 승리를 거두게 하는 데 있어서 나는 장량만 못하다. 국가의 안녕을 도모하고 백성을 사랑하며 군대의 양식을 대주는 데 있어 나는 소하만 못하다. 백만대군을 이끌고 나아가 싸우면 이기고 공격하면 반드시 빼앗는 데 있어 나는 한신만 못하다. 하지만 나는 이들을 얻어 그들의 능력을 충분히 발휘하게 해주었다. 바로 이것이 내가 천하를 얻은 까닭이다."

인재가 없는 것이 아니라 인재를 볼 줄 아는 눈이 없는 것이다. 자고로 천리마가 있어도 그것을 구별해 찾아낼 줄 아는 백락이 없었다면 천리마는 한낱 야생마로 생을 마쳤을 것이다. 제아무리 제갈공명이라도 유비의 삼고초려가 없었다면 평생 초야에 묻혀 지냈을지 모른다.

인재보다 더 중요한 것은 인재를 알아보는 눈이다.

생 각 해 보 기

☑ 인사가 어렵다고 생각하는가?

☑ 그렇게 생각하는 이유는 무엇인가?

☑ 인재를 내부에서 키우는 편인가, 아니면 외부에서 데리고 오는 편인가?

☑ 떠난 다음에 인재였다고 생각한 사람이 있는가?

☑ 그렇다면 왜 알아보지 못했는가? 이후에 바뀐 것이 있다면?

먼저 인사부를 혁신하라

인사부 리노베이션

 오래 전 얘기지만 필자는 인사부서에 대해 부정적인 이미지를 갖고 있었다.

예전 회사에서 인사부서는 많은 권한을 가진 조직 내 '갑'이었다. 인사부서 사람이 현장부서에 오는 경우보다는 현장 사람들이 인사부서를 많이 방문했다. 필자의 경우는 출장비를 타러 갈 때가 많았다. 내일이 해외출장이라는데 느긋하기가 그지없다. 미리미리 비행기표와 출장비를 주면 좋을 텐데 꼭 공항에서 받게 한다. 정산을 할 때 직접 가는 경우도 있었다. 얼굴에는 완장을 찼다고 거드름이 잔뜩 올라 있고 눈빛은 감시하는 듯하다. 말도 알쏭달쏭하다. 그렇다는 얘기도 아니고 그렇지 않다는 얘기도 아니다. 도망갈 곳을 마련하는 수법이다. 상황에 따라 얼마든지 해석이 달라질 수 있는 어법을 구사한다. 웃는 얼굴을 보고 있어도 진정성을 찾기는 어려웠다. 현장부서에서 근무하는 나 같은 사람 눈에는 늘 놀고 있는 듯 보이지만 진급은 가장 먼저 하고 특진자도 제일 많았다. 하지만 그런 얘기를 대놓고 하는 사람은 없다. 특히 인사부서 사람들 앞에서 회사에 대한 불만을 이야기하는 사람은 더욱 없다. 위에 보고가 올라가리라는 것을 본능적으로 알고 있기 때문이다.

지금 이런 인사부서는 없을 것이다.

인사부서 사람들은 사람을 만나는 일이 직업이다. 여러 사람의 얘기를 듣기 때문에 조직 분위기도 가장 잘 안다. 상사도 많이 모셔서 눈치가 9단이다. 그렇기 때문에 조직 내 처세에 관한 한 누구보다 밝다. 만약 이들이 조직 목표보다 개인 이익에 주안점을 두고 있다면, 일을 잘하는 사람보다 자기에게 잘하는 사람을 선호한다면, 그런 식으로 정보를 왜곡한다면 리더십 파이프라인이 망가지고 조직은 무너지는 수밖에 없다. 변화의 선봉에 서야 하는 것이 인사부서지만 때로는 변화의 가장 큰 장애물이 되기도 한다.

인사에서 성공하기 위해서는 제대로 된 인사부서를 만들고 이들이 제대로 된 역할을 수행하게 해야 한다. 이를 위해 반드시 해야 할 일이 있다.

첫째, 전문성과 인격을 갖춘 사람을 HR부서에 배치해야 한다. HR부서는 본질적으로 최고경영자와 가까울 수밖에 없다. 간신 성향인 사람이 인사팀장을 맡으면 재앙이다. 그렇기 때문에 인사부서의 정보를 확인할 수 있는 또 다른 채널을 갖고 있어야 한다. 그래서 여기서 올라오는 정보를 확인하고 모니터링해야 한다. 인사부서에 대한 직원들의 의견도 수렴해야 한다. 이들의 의견에 100퍼센트 의존해 인사 관련 결정을 하는 것은 위험할 수 있다. 객관적인 시각을 가진 외부 인사의 의견을 참조하는 것도 필요하고 현장의 생생한 소리를 듣는 채널도 마련해야 한다.

둘째, HR부서의 지위를 승격시켜야 한다. HR은 사람을 다루는 일이다. 사람 관련 정보는 최고급 정보다. 직급이나 영향력이 없는 사람은 절대 취급할 수 없는 정보다. 잭 웰치의 주장을 들어보자.

"HR부서를 권력과 우선순위를 가진 지위로 승격시켜라. HR 직원들이 특별한 자질을 갖추고 관리자를 도와 리더를 양성하고 직원이 경력을 쌓을 수 있게 하라. HR에 가장 적합한 사람은 사제와 부모의 특성을 동시에 갖고 있는 사람이다. HR 책임자는 조직의 2인자가 되어야 한다. CEO와 HR 책임자는 거의 동등한 위치에 있어야 한다. 그런데 그동안 재무보다 못한 취급을 받아왔다."

셋째, 수치화하고 정량화해야 한다. 인사나 교육은 성과를 수치화하기 어렵다. 도대체 일을 제대로 하는지, 채용을 제대로 했는지, 그로 인해 얼마나 이익을 봤는지, 투자 대비 효과를 거두었는지 알기 어렵다. 영업이나 생산처럼 매일 모니터에 실적이 나타난다면 일하는 방식이 달라질 수 있다. 그렇기 때문에 정량화하려는 노력이 필요하다. 이것은 얼마든지 가능하다. 업무에 대한 직원들의 몰입도를 조사할 수도 있고, 부서별 인재의 이탈 현황이 될 수도 있고, 직원들의 인사부서에 대한 만족도 조사가 될 수도 있고, 인사에 대해 사람들의 평판을 들어볼 수도 있다.

넷째, 역할을 명확히 해야 한다. 외국회사는 직원이 50명만 넘어도 인사팀장을 채용할 정도로 인사 관리를 중요시한다. 그러나 우리나라의 인사 관리는 단순한 집행기능을 중심에 두고 노사분규 등 이른바 '일이 생기면 뒤처리하는' 수준에 머물러왔다. 제법 규모가 있는 어느 중소기업은 총무부에서 곁가지로 인사 일을 하는 경우도 있다. 학용품 구매하듯이 사람들을 채용하겠다는 뜻이다.

인사부서의 역할이 달라져야 한다. 리더를 배치하고 프로세스를 발전시키고 유지하는 데 핵심적 역할을 해야 한다. 최소한 다음과 같은 사항이 지켜지도록 해야 한다. 상사가 잠재력 있는 사람들에게 상세하고 건설적이고 실천 가능한 피드백을 제공하게 할 것, 후보 선별 때 전문성 외에 다른 면도 보게 할 것, 리더십을 기업의 자원으로 인식하게 할 것. 그리고 가장 중요한 것은 경영진에게 리더를 양성하는 것이 업무의 핵심이라는 사실을 인지시키는 것이다.

다섯째, 전략적인 차원에서 자문 기능을 맡는 파트너로 인식해야 한다. 뭔가 제대로 일이 되지 않는 사업부를 보면 잘못된 책임자가 앉아 있는 경우가 흔하다. 전략 이전에 인사에 문제가 있는 것이다. 교육도 그렇다. 교육과정에서의 모든 정보열심히 듣는지, 참여하는지, 어영부영하는지가 인사 쪽으로 오지 않는다. 그러니 사람들은 긴장하지 않는다. 교육 관련 정보가 인사 쪽으로 오고, 이것이 인사에 반영된다면 교육 분위기는 대번 달라질 것이다. 이처럼 인사부서는 모든 부문과 연계되어 있는 파트여야 한다.

데이브 울릭 미시간경영대학원 교수는 '조직역량organization capability'이라는 개념을 통해 조직 역량 개발과 관련된 인사 기능의 중요성을 강조하면서 인사부서의 새로운 역할에 대한 이론적 토대를 제공하고 있다. 그의 이론 중 인사부서가 부가가치를 창조하기 위한 4가지 필요사항을 소개한다.

첫째, 사업부서의 관리자나 중역의 전략 수립 과정의 파트너가 되어라.

둘째, 업무의 조직화를 통하여 저비용, 고효율을 달성하라.

셋째, 직원들이 회사 목표 달성에 기여할 수 있도록 직원들의 애로를 경영층에 대변하고, 그들로 하여금 결과 창출 능력을 기르게 하라.

넷째, 지속적인 변화의 주도자가 되어라.

생 각 해 보 기

☑ 현재 회사에서 가장 힘이 센 부서는 어디이고 왜 그런가?

☑ HR 최고책임자의 직급은 무엇이고, 그의 영향력은 어느 정도인가?

☑ 인사부서에 대한 직원들의 평가는 어떠한가?

☑ 인사부서의 역할을 바꾸고 싶다면 어떻게 바꾸겠는가?

☑ 인사부서가 미래에 하지 말아야 할 역할과 추가해야 할 역할이 있다면?

열면 살고
닫으면 죽는다
성공하는 인사의 길 1

대한민국 대부분의 기업에서 임원회의는 그야말로 '남탕'이다. 여성은 눈을 씻고 봐도 보이지 않는다. 공개적으로 말은 안 하지만 "우리 회사는 여성을 차별합니다"라고 광고를 하는 것이나 다름없다. 수십 년간 공채 출신들로만 채워온 모 금융회사도 외부인들에게는 폐쇄적인 조직이다.

인사를 할 때 가장 피해야 할 것이 바로 폐쇄성이다. 폐쇄성의 가장 큰 폐해는 인재들이 들어오기 어렵고 설혹 들어왔다 해도 버티기 힘들다는 것이다.

그런 면에서 볼 때 성공하는 조직은 대부분 개방적이다.

강남의 D학원은 일류대학을 많이 보내기로 유명하다. 재수생들이 이 학원에 들어가기 위해 학원 앞에서 밤을 새워 줄을 설 정도이고 이런 사실이 저녁 뉴스에 오르기도 했다. 학생들은 이 학원 선생의 우수성에 대해 한결같이 입에 마르도록 자랑한다.

"명불허전입니다. 명성에 걸맞게 우수한 선생님들이 포진하고 있습니다. 수시로 평가를 하면서 아니다 싶은 선생님은 바로 내보내고 새로운 선생님을 모셔옵니다. 늘 학생들에게 학교 선생님 중에서 잘 가르치는 선생님이 있는지 물어봅니다. 실력 있는 선생님에 대한 데이터를 모으고 있다가 결원이 생기면 스카우트의 손길을 내밉니다. 워낙 대우가 좋고 브랜드 파워가 높으니까 너도나도 오려고 합니다. 좋은 선생님을 모셔오고 그 선생님이 실력을 발휘할 수 있도록 여건을 만드는 것이 이 학원의 비결인 것 같습니다."

D학원의 성공비결은 명쾌하다. 우수한 선생이면 남녀 불문, 학벌 불문, 전공 불문하고 채용하고 끊임없이 평가하여 더욱 노력하게 만드는 것이다.

반면 경쟁 학원인 A학원에 대해서는 평이 별로이다. 원래는 더 유명했던 학원이지만 요즘은 명성이 땅에 떨어졌다. A학원은 S대 출신에 그 과목을 전공한 선생님만 채용한다는 원칙을 갖고 있기 때문이다. 이 이상한 채용 기준 때문에 좋은 선생님이 많이 모이지 않는다.

삼성전자나 현대자동차의 임원 프로 을 보면 놀라지 않는 사람이 드물다. 일류학교 출신보다 비일류 대학 혹은 전문학교 출신들이 많기 때문이다. 간혹 고졸 출신 임원도 보인다. 직원들의 1차 목표는 임원이다. 이런 회사의 직원은 누구나 마음속에 '내가 일류 학교 출신은 아니지만 노력하면 임원이 될 수 있다'는 희망을 가질 수 있다. 누구에게나 기회의 문이 열려 있다는 사실만큼 희망적인 것은 없다. 반대로 아무리 노력해도 나한테는 기회가 없다면 그것만큼 절망적인 사실도 없다. 인사의 개방성은 아무리 강조해도 지나치지 않다.

개방성의 적은 지연과 학연이다. 특정 지방, 특정 학교 출신들이 모여 있는 것, 그들이 임원이나 주요 보직을 독식하고 있는 것은 다른 사람들에게는 재앙이다. 그들은 다른 사람들에게 이렇게 광고하는 것과 같다. "아무리 우수해도 당신의 출신성분으로 우리 회사에서 출세하기는 어렵습니다. 대충 일하다 적당히 그만두시기 바랍니다." 이런 회사가 성과를 낸다면 그것이 기적이다. 얼마 전 워크아웃에 들어간 모 기업이 대표적이다. 나는 수년 전부터 이 회사에는 희망이 없다는 사실을 주변 사람에게 얘기해 왔다. 폐쇄성 때문이다.

사장이나 HR 임원은 절대 그럴 일이 없다고 얘기할 것이고 실제 그럴 수도 있다. 하지만 사실보다 중요한 것은 사람들이 어떻게 인식하고 있느냐다. 이 회사에서는 출신성분 때문에 승진에 한계가 있다고 인식하는 사람은 최선을 다하지 못한다. 몰입하지 못한다. 성과가 부진해서 승진을 못해도 그것을 그대로 받아들이지 못한다. 폐쇄성은 조직의 암이다.

종교도 때로는 개방성의 적이 되기도 한다. 강의를 다니다 보면 종교 냄새를 짙게 풍기는 회사가 있다. 현수막이나 액자가 걸린 곳도 있고, 행사 전에 기도회를 하는 경우도 있다. 모 기업에서 잘나가는 홍보임원으로 일하다 종교 문제로 그만둔 사람으로부터 이런 얘기를 들은 적이 있다.

"처음 그 회사 사장과 얘기를 나눌 때부터 종교 색깔이 짙다는 것은 알 수 있었습니다. 제 종교와 달랐어요. 그 문제를 거론하자 사장님은 종교는 자유인데 무슨 상관이냐고 해서 임원으로 일하게 되었습니다. 그런데 시간이 지나면서 주변 임원들이 은근히 제게 기도회 참석을 요구하더군요. 몇 번 거절하다 보니 너무 불편한 겁니다. 사장님도 맘에 들고 하는 일도 저하고 맞아서 참 좋아했던 직장인데 너무 아깝더군요."

친인척이 문제가 되는 경우도 있다. 친인척 문제는 쉽지 않은 어젠다다. 정답이 없기 때문이다. 친인척 없이 투명하게 경영하는 것이 좋다는 것은 누구나 알고 있다. 하지만 현실적으로 한계가 있다. 중소기업의 경우 후계 문제도 있고, 친인척이 가장 믿을 만하기 때문에 문제점을 알면서도 채용한다. 외국의 글로벌 기업도 친인척을 채용해 성공하는 경우도 많다. 문제는 친인척 채용 그 자체보다는 그릇이 안 되는 사람을 단순히 친인척이라는 이유로 주요 보직에 배치하는 것이다. 실력이 되는 사람을 친척이라는 이유로 배제하면 안 된다. 반대로 도저히 능력이 안 되는 사람을 친척이라는 이유로 중요한 자리에 배치하면 안 된다.

잘나가는 조직은 개방적이다. 개방적이기 때문에 잘나간다. 개방성의 대표선수는 로마다. 로마가 천년이나 유지한 것은 개방성 때문이다. 로마인은 주요 보직을 독식하지 않았다. 정복한 부족의 유력자에게도 원로회의 의석을 주어 지배계급으로 편입시켰다. 경쟁자의 역량을 산 것이다. 정복을 통한 영토 확장이 로마의 하드웨어라면 개방성으로 패배자를 동화시키는 정책은 소프트웨어이다. 뜻을 같이한다면 누구든 로마 시민이 될 수 있었다.

"로마인은 다른 민족에게 배우기를 거부하는 오만 따위는 갖고 있지 않다. 좋다 싶으면 그것이 적의 것이라 해도 거부하기보다는 모방하는 쪽을 선택했다."

카이사르의 말이다. 로마는 심지어 피지배민족인 그리스의 신들까지 받아들였다.

반면 아테네는 그렇지 않았다. 아테네에서는 부모가 모두 아테네 사람이어야만 시민권을 부여했다. 아리스토텔레스조차 마케도니아 출신이란 이유로 시민권 획득에 실패했다. 그리스는 호조건에도 불구하고 로마처럼 제국을 건설하지 못했다.

박재희 한국예술종합학교 교수도 개방성의 중요성을 강조한다.

춘추전국시대의 최종 승자가 진秦나라가 된 것은 5명의 뛰어난 군주를 연속 배출했기 때문이다. 목공, 효공, 혜제, 소제, 진시황제이다. 이 다섯 군주의 공통점은 적극적인 외부인재 등용이다. 출신과 배경을 가리지 않는 인사 정책이 경쟁력이었다. 하지만 인사 정책에 대해 국내 귀족들의 반발이 극심했다. 그들은 외부인사를 쫓아내야 한다고 강하게 주장했다. 이때 이사는 진시황에게 축객逐客에 반대하는 상소문을 올린다. 그 유명한 '간축객서諫丁兜'이다. 내용은 이렇다.

> 태산은 한줌의 흙이라도 사양하지 않습니다.
> 그래서 그렇게 높은 산이 될 수 있었던 것입니다.
> 하해는 조그만 물줄기라도 가리지 않습니다.
> 그래서 그렇게 깊은 물이 될 수 있었던 것입니다.
> 군왕은 어떠한 백성도 물리쳐서는 안 됩니다.

그래야 군왕의 덕을 천하에 밝힐 수 있습니다.

그렇기 때문에 땅은 동서남북으로 끝이 없고,

백성들은 다른 조국이 있지 않습니다.

M&A도 핵심은 개방성이다. 그런데 기업의 흡수합병 성공률이 30퍼센트도 되지 않는다는 통계가 있다. 필자 생각에 가장 중요한 이유는 기업을 사기는 하지만 기업 안에 있는 사람들의 마음을 사지 못하기 때문이다.

흡수를 한 기업은 두 가지 태도를 취할 수 있다. 하나는 점령군처럼 행동하는 것이고, 다른 하나는 존중하면서 파트너로 인정하는 것이다. 어떤 태도를 취하느냐에 따라 결과는 천양지차다.

좋은 사례는 카길과 애그리퓨리나라는 두 글로벌 기업이다. 2001년 카길이 애그리퓨리나를 흡수합병했다. 그에 따라 카길코리아가 애그리퓨리나코리아를 흡수합병해 카길애그리퓨리나는 회사를 만들었다. 카길 본사는 애그리퓨리나코리아 임원을 그대로 유임시키고 애그리퓨리나코리아 사장을 한국지사장으로 임명했다. 이유는 단순했다. 애그리퓨리나코리아가 한국에서 비즈니스를 매우 잘했기 때문에 교체할 이유가 없다는 것이었다. 다른 직원들도 공평한 대우를 받았음은 물론이다. 지금의 김기용 회장과 이보균 사장은 흡수된 기업 출신이다. 지금도 한국지사의 M&A는 본사에서도 가장 성공적인 사례로 손꼽힌다고 한다.

여는 자만이 생존할 수 있다. 글로벌 기업을 지향하면서 출신과 배경을 따지고, 적과 동지를 구분한다면 어떤 꿈도 그냥 꿈으로 그칠 수밖에 없다. 경쟁력을 위해 합병한 회사들이 출신지를 따지고 성분을 따진다면 그 회사의 미래는 자명하다. 역사를 돌아보아도 어느 국가든 어떤 조직이든 다양성과 개방성이 조직의 경쟁력이며 승부처다. 닫고 사는 자가 승리할 수는 없다. 여는 자만이 생존하고 성공할 것이다.

생 각 해 보 기

☑ 우리 조직 안에 외국인 경영진이 있는가?

☑ 경력사원이 우리 회사에 와서 임원이나 사장이 될 가능성이 있는가?

☑ 여성 임원의 비율은?

☑ 회사 안에 특정 학교, 특정 지방 등의 인맥이 존재하는가?

☑ 대내적 · 대외적 개방성은 어떤가?

원하는 인재상을
명확히 하라
성공하는 인사의 길 2

좋은 사람을 뽑는 일은 내가 뽑고자 하는 사람이 어떤 사람인지를 결정하는 데서 출발한다. 자기의 이상형이 명확하다 해도 적합한 사람을 찾기가 쉽지 않다. 더욱이 이상형을 모르는 상태에서 제대로 된 사람을 찾는다는 것은 어불성설이다. 일류기업일수록 반드시 바람직한 인재상을 갖고 있다. 아울러 기능별로 이러이러한 사람이었으면 좋겠다는 그림도 갖고 있다.

: : 메릴 린치의 인재상_분석력과 이슈 발굴 능력 등 탁월한 지적 능력이 우선이다. 조직과 개인을 감동시키고 열정을 심어주는 능력이 있어야 하며, 변화를 수용하고 준비하며, 신속하게 대응하는 능력을 요구한다.

우수한 후배를 배출하고 뛰어난 리더를 양성하는 능력이 있어야 하며, 서비스업에 맞는 흡인력과 인간미를 갖추고 있어야 한다.

: : **아메리칸 익스프레스의 인재상**_ 비전을 개발하고 설득하는 능력, 글로벌 수준의 인력을 채용·개발·유지하는 능력, 고객을 최우선으로 생각하면서도 경쟁력을 유지하는 능력, 지속적으로 혁신활동을 수행하고 가시적 결과를 도출하는 능력, 조직 내 변화를 주도하는 능력, 끊임없이 자기계발을 위해 노력할 수 있는 능력을 갖추어야 한다.

: : **소니의 인재상**_ 우선 호기심이 강해야 한다. 다양한 분야에서 최고와 최신의 것을 알고 있어야 한다. 또 최신의 분야에서 나라면 어떻게 할 것인가에 대한 아이디어를 갖고 있어야 한다. 마무리에 집착할 수 있어야 한다. 그래야 상품 제작과 비즈니스에서 마지막까지 최선의 노력을 다할 수 있기 때문이다. 집착할 것과 유연하게 대응할 것을 구분할 수 있는 사고의 유연성이 있어야 하며, 낙관적이고 위험을 감수할 수 있는 용기를 가지고 있어야 한다.

인재상은 정해진 것이라기보다 만들어가는 것이다. 독일계 의료기기 회사의 한국 현지법인 비. 브라운 코리아의 김해동 사장은 탁월한 리더십으로 한국지사장에서 아시아태평양 회장으로 발탁되었다. 그 역시 인사에 관해 일가견을 갖고 있다. 그가 생각하는 비. 브라운의 인재상은 첫째 사람을 즐겁게 할 수 있는 사람, 둘째 봉사함으로써 행복을 느끼는 사람, 셋째 봉사하고 싶어 안달하는 사람, 넷째 봉사하기 위해 태어난 사람이다. 실제 이 회사에 가보면 대부분의 매니저가 인재상과 일치함을 느낄 수 있다. 김 회장이 만든 것이다.

김 회장은 관심의 리더십을 강조하는 것으로도 유명하다. 모든 것의 우선은 관심이라는 것이다. 남이 하라고 해서 하는 공부에서는 성과가 나지 않지만 관심이 가는 분야의 공부는 하지 말라고 해도 열심히 하게 되었던 자신의 체험에서 나온 것이다. 그 자신 학창시절에는 공부에 별 관심이 없었는데 오퍼상을 하면서 학습의 필요성을 절감했다. 고객에게 팔기 위해서는 자신이 팔 물건에 대해 속속들이 알아야만 한다는 사실을 깨달은 것이다. 업무에 관심을 가지면 참여하게 되고, 참여하면 몰입하게 되고 경쟁력이 생기는 것이다.

인재상은 업의 특성, 상황 등에 따라 달라진다. 여성 내의로 유명한 M 코르셋은 작은 회사이지만 이 회사의 문영우 대표는 인재상에 대해서는 명확한 그림을 갖고 있다. "우리의 비전에 동참하는 동급 최강의 멋있는 프로페셔널"이 그것이다. 여기서 프로페셔널의 의미는 다음과 같다. "자신의 가치를 스스로 높인다. 목표는 반드시 달성하는 근성을 갖는다. 자기관리를 철저히 한다. 완성도 높은 결과를 도출한다. 결과에 대하여는 말이 필요없다. 결과가 모든 것을 말해 준다."

이처럼 인재상이 명확하면 직원들은 그것을 따르려 노력하게 될 것이고, 맞지 않는 사람은 저절로 탈락하게 될 것이다.

이휘성 한국 IBM 사장은 인재상에 대해 이런 의견을 갖고 있다. "하나를 잘하는 사람은 많다. 우리 직원들은 고객에게 혁신과 비전의 가치를 전달하는 컨설턴트이면서 단기 실적을 달성해야 하는 어려운 과제를 안고 있다. 이 가운데 하나만 잘하면 여기 있기 어렵다. 양손잡이 역량이 필요하다. 지금 IBM 임금의 6분의 1이면 해당 분야에서 탁월한 능력을 갖추고 있는 인도, 중국의 인력을 채용할 수 있다. 그들과의 경쟁에서 이기려면 다양한 역량을 갖추고 이를 통합해 새로운 가치를 창출할 수 있어야 한다."

전체 인재상만 중요한 것은 아니다. 기능별 인재상의 그림도 중요하다. 『실행에 집중하라』는 책의 저자이자 얼라이드시그널의 CEO인 래리 보시디가 생각하는 제조부문장의 모습이다.

"내가 바라는 제조부문장의 모습은 세세한 것까지 관리하지만 권한을 이양할 줄 알고, 강제하지 아니하되 리드할 줄 알고, 기술자처럼 행동하지 않되 기술을 이해할 수 있는 사람이다."

어떤 사람을 구하는지 그림이 확실하다.

요즘 기업의 CEO를 공모하는 회사가 늘고 있다. 그런데 원하는 인재상이 대부분 관념적이고 두루뭉술하다. 묵묵히 일만 하는 사람을 원하는 것인지, 창의적인 사람을 찾는 것인지, 학벌 좋고 인물 좋은 사람을 찾는 것인지 명확하지 않다. 공기업들도 매한가지다. 투명함을 내세워 공모는 하지만 도대체 어떤 사람을 뽑겠다는 것인지 아리송할 때가 많다.

그런 점에서 도탄에 빠진 닛산자동차가 사장을 뽑을 때 내걸었던 조건은 배울 점이 있다. 그들이 생각하는 사장감이다.

"문제를 안고 있는 일본 자동차 회사의 재생을 책임질 수 있는 사장을 모집합니다. 자격 요건은 다양한 문화환경에서 경영을 한 사람이어야 합니다. 성과주의 경영을 지향하고, 회사가 직면한 문제를 분석해서 명확히 설명할 수 있는 능력을 가진 사람이어야 합니다. 문제 해결에는 복합기능적인 접근법을 도입할 수 있고, 자신이 내린 결단에 책임질 수 있어야 합니다. 장기적인 목표를 염두에 두면서 동시에 단기적 목표를 지향할 수 있어야 합니다. 위기를 극복한 상황에서도 조직의 긴장감을 유지할 수 있어야 합니다. 유머와 센스가 있으면 더욱 좋습니다."

카를로스 곤이 이 조건에 부합했고 그가 결국 닛산자동차를 구했다. 이 정도로 구하는 사람을 명확히 할 수 있다는 것은 대단한 공력이다. 결국 좋은 사람을 채용하려면 어떤 사람이 필요한지를 뽑는 사람 자신이 정확하게 알고 있어야 한다는 이야기다.

인재상은 회사 상황뿐 아니라 시대에 따라서도 변하기 마련이다. 예전에는 맞았던 인재상이 시대 흐름에 따라 변할 수도 있다. 1970년대 GE의 인재상은 계획하고plan, 조직화하고organize, 통합하고integrate, 관리하는manage 것이었다. 하지만 1980년대 인재상은 열정적이고energy, 열정을 불어넣을energize 수 있고, 어려운 상황에서 의사결정을 할 수 있고edge, 실행할 수 있는execute 사람으로 바뀌었다. 물론 시간이 흐르면 또 바뀔 것이다.

효과적인 쇼핑을 위해서는 쇼핑 전에 어떤 물건을 살지 명확히 해야 한다. 충동구매는 쇼핑 전에 별 생각을 하지 않기 때문에 일어나는 일이다. 인사도 그렇다. 인사를 잘하기 위해서는 우리가 원하는 사람이 어떤 사람인지를 명확히 해야 한다. 단순하고 쉬워 보이지만 결코 쉽지 않은 일이다.

☑ 우리 회사의 인재상은 어떠한가?

☑ 인재상과 회사의 비전과 미션은 한 방향으로 정렬되어 있는가?

☑ 그렇지 않다면 어떤 인재상이 필요한가?

☑ 인재상에 따라 채용되고 승진되는가?

☑ 그런 인재상에 대해 직원들이 공감하고 있는가?

CHAPTER 03

능력이냐
태도냐

: : 성공 채용으로 가는 면접의 기술

능력을 볼 것인가, 태도를 볼 것인가
최고 인사 전문가가 말하는 면접의 정석

면접은 채용의 전제이자 필수조건이다. 『유쾌하게 자극하라』의 저자인 한국리더 센터 고현숙 사장은 면접 때 태도를 중시한다. 말의 내용보다 그 사람이 드러내는 태도에서 보다 많은 메시지를 읽을 수 있기 때문이다. 들어오는 모습, 앉은 자세, 표정 등에서 많은 정보를 얻는다. 인터뷰를 하기 전에 마음을 굳히는 경우도 있다. 일부러 여러 사람을 동시에 면접하는 경우도 있다. 그때는 다른 사람이 얘기를 할 때 어떤 표정을 하고 있느냐가 관찰 항목이다. 자기 얘기를 할 때는 눈을 반짝이며 열심히 얘기하다가도 막상 다른 사람 차례가 되면 무표정하게 바뀐다. 문제가 있다. 가만히 있을 때의 표정이 생각보다 많은 정보를 준다.

모 증권회사 대표도 비슷한 경험이 있다. 지원자가 많아 5명씩 단체로 면접을 할 때의 일이었다. 자기 차 뿐 아니라 다른 사람이 얘기할 때도 큰 관심을 보이는 지원자가 있었다. 다른 지원자가 얘기할 때 그 쪽으로 고개까지 돌려가며 열심히 경청했다. 면접 후 면접관들 의견이 둘로 갈라졌다. 한 은 "좀 이상한 사람인 것 같다. 자기 차례도 아닌데 고개까지 돌려가며 얘기를 듣는 것은 오버하는 것 아니냐?"고 했고 또 다른 쪽은 "다른 사람에게 관심이 많고 듣는 자세가 좋지 않느냐?"라고 했다. 궁금해진 사장은 전화를 걸어 집으로 가던 후보자를 다시 불러 물어보았다. "왜 다른 사람들 얘기에 그렇게 관심이 많습니까? 고개까지 돌려가며 얘기를 듣던데, 좀 심한 것 아닌가요?" 이런 대답이 돌아왔다. "제가 그랬나요? 저는 그 사실을 인식하지 못했습니다. 집에서 가족들과 얘기할 때도 늘 그랬거든요."

사장은 바로 채용을 결심했다. 그 정도 태도라면 무슨 일을 해도 잘할 거란 생각이 들었기 때문이다.

서린바이오사이언스는 코스닥에 상장된 중소기업이다. 중소기업은 인재 풀이 제한되어 있다. 한 사람이 여러 역할을 해야 하므로 무엇보다 실행력이 중요하다. 황을문 대표는 실행력을 판단하기 위해 고민을 많이 했다. 면접 때 그는 "오늘 올라올 때 계단이 몇 개였습니까?"라는 질문을 던진다. 그의 회사는 5층 건물이다. 이때 계단 숫자를 세려고 바로 튀어나가는 사람이 있다. 무조건 합격이다. "나갔다 와도 됩니까?" 하고 묻는 지원자가 있다. 황 대표는 "왜 그걸 내게 묻습니까?"라고 답한다. 생각해 보겠다거나 면접이 끝난 후 알아보겠다는 지원자도 있다. 볼 것도 없이 불합격이다. 간단하지만 자신이 알고자 하는 것을 질문으로 얻어낸 좋은 사례이다.

그는 스피드로 직원들을 평가하기도 한다. 이메일을 보내 금주 말까지 무엇무엇에 대해 의견을 달라고 한다. 그가 평소 생각하고 있던 순서대로 답신이 돌아온다. 보통 후계자로 염두에 두고 있던 사람이 가장 빨리 답을 한다. 빨리 답을 한다는 것은 실행력이 강하다는 것이고 평소 업무에 대해 생각을 정리해 두었기 때문에 가능한 것이다.

그는 긍정성을 매우 중요시한다. 이를 파악하기 위해 다소 황당한 질문을 하기도 한다. 예를 들어, "탱크를 만들 수 있어요?"라고 질문한다. 만들 수 있다고 답을 한 직원에게는 가점을 준다. 다음에는 "어떻게 만듭니까?"하고 질문을 던진다. 지원자는 당혹스럽다. 물론 정답은 없다. 황 대표는 "어떻게든 만들겠습니다"라는 답을 좋아한다. 그만큼 적극적이고 긍정적이기 때문이다.

도착시간도 관찰 요인이다. 먼저 온 사람에게 가점을 준다. 그만큼 여유가 있고 준비성이 있다고 판단하는 것이다. 지각하는 사람은 볼 것도 없다. 몇 가지 제목을 주어 발표도 시킨다. 삶의 목표가 무엇인지, 핵심 역량은 무엇인지, 그 역량을 이곳에서 어떻게 활용하고 기여할 것인지에 대한 얘기를 듣는다.

어느 글로벌 기업의 인사 담당은 피면접자의 거짓말을 심각하게 생각하지 않는다고 한다. 취업이 어려운 요즘 같은 시대에 어떻게 진실만을 이야기하겠는가, 만일 그렇다면 너무 순진한 것이라고 그는 생각한다. 고수들은 피면접자의 가면을 벗기고 진실을 들춰내는 사람들이다.

그는 예스와 노가 예상되는 질문은 하지 않는다. 대신 왜why와 어떻게 how에 대한 답변만 요구한다. 이런 식이다. 직장 상사와는 갈등이 있기 마련인데 그런 갈등을 어떻게 해결했느냐고 묻는다. 사 가 없으면 답변하기 힘들다. 해결을 못 해서 직장을 옮기게 된 경우라면 더욱 난감하다. 신입사원인 경우에는 "동아리 활동을 하다 보면 친구들과 다투기 마련입니다. 그럴 때 당신의 역할과 행동은 어땠습니까? 결과는요?"라는 질문을 던진다. 또 자신을 어떻게 평가하느냐고 묻기보다는 장점과 단점이 무엇인지 말해 보라고 요구한다. 그것이 더 효과적인 질문이기 때문이다.

그는 인간성보다 업무수행 능력을 우선적으로 본다. 능력 있는 사람이 인간성 때문에 문제를 일으키는 경우는 열에 한둘 정도로 많지 않다. 하지만 능력이 안 되는 사람을 데려다 놓으면 조직이 굴러가지 않는다. 기피대상 1호는 '자신이 속했던 회사, 조직, 모임을 비방하는 사람이다.' 불평의 유전자는 죽을 때까지 사라지지 않는다는 것을 잘 알기 때문이다.

한 인사 전문가는 면접 때 건전성을 중요시한다. 건전성이란 대안 제시 능력을 말한다. 학생 때는 문제 제기만 해도 된다. 하지만 회사는 문제 제기보다는 문제를 해결해야 하는 곳이다. 문제 100개를 멋지게 지적하는 99의 사람보다는 문제를 지적하고 동시에 대안을 제시하는 1명이 소중하다. 그래서 가장 많이 하는 말은 "아, 지적 좋습니다. 그런데 어떻게 해결을 해야 할까요?"이다. 준비가 되지 않은 사람은 이런 질문에 당황한다. 평생 구경꾼처럼 문제 제기만 해왔지, 주체가 되어 문제 해결을 생각해 본 적이 없기 때문이다. 어떤 질문을 하는지도 중요하다. 질문 내용을 보면 그가 어떤 사람인지 알 수 있다. 어떤 것에 관심이 있는지, 삶의 우선순위가 무엇인지 알 수 있다.

환경재단의 이미경 사무총장은 인터뷰 마지막에 "궁금하거나 꼭 알고 싶은 것이 있나요?"라는 질문을 던진다. 그때 "제가 입사하게 되면 하는 일이 무엇인가요? 거기서 제가 어떤 역할을 해야 하지요?"라는 질문에는 가산점을 준다. 반면 보상 같은 것에 관한 질문은 감점이다.

질문을 주로 받는 인사 전문가도 있다. 질문할 때 사람들의 속내가 잘 드러나기 때문이다. 질문을 보면 그 사람이 어떤 사람이고 어디에 관심이 있는지 알 수 있다. "제가 맡은 일에 어떤 비전과 위험성이 있나요?" "제가 맡은 일의 한계는 뭔가요?" 같은 질문에는 가산점을 준다. 꿈과 비전이 뭔지는 묻되 구체적 실천 전략을 묻기도 한다. 예를 들어, 5년 내에 파이낸스 매니저가 되겠다는 비전이 있다면 이를 위해 일과 후 세금과 원가절감 교육을 받겠다고 답변하면 점수를 따게 된다. 하지만 판사라도 되듯 시시비비를 가리려는 행동은 감점이다. 이와 같은 질문과 대답이 되풀이되는 인터뷰를 진행한다. 질문이 없는 지원자는 문제가 있는 사람이다. 회사에 대해, 업무에 대해 별로 생각하지 않았다는 증거이기 때문이다.

인터뷰에서는 희망과 동시에 절망을 주는 것도 필요하다. 좋은 사람을 뽑기 위해 종종 허풍을 떨고 과장하는 회사도 있다. 세상 비극의 반은 잘못된 기대에서 출발한다. 그렇기 때문에 쓸데없는 기대는 아예 싹을 자르는 것이 좋다. 투자은행의 예를 들면 일반적으로 영업부문과 지원부문 사이에 차이가 크다. 투자를 담당하는 직원은 고도의 전문성을 가져야 하고 엄청난 근무시간과 근무강도를 인내해야 한다. 그래서 보수 차이가 크다. 이 점을 사전에 알려주지 않으면 나중에 쓸데없는 갈등을 일으킬 수 있다. 그러므로 행정직에 지원한 사람에게는 "그래서 행정직은 어느 직급 이상은 곤란합니다. 보수도 상대적으로 적습니다"라는 말을 분명하게 해서 기대치를 낮추어야 한다.

생 각 해 보 기

☑   면접 때 무엇을 가장 중점적으로 보는가?

☑   가장 알고 싶은 점은 무엇인가?

☑   그것을 알아내기 위해 어떤 질문을 던지는가?

☑   면접 때 주로 하는 질문은?

☑   가산점을 주는 답변과 그렇지 않은 답변이 있다면?

말보다
행동을 보라
면접에서 반드시 살펴야 할 것들

 면접은 질문이나 분위기도 중요하지만 면접 자체에 장치를 두고 이를 통해 후보자의 성향을 파악하는 것도 중요하다.

의료기기 유통업체인 PSS월드메디컬은 채용에 보통 6주에서 8주 정도가 걸린다. 이 회사는 입사 지원자에게 면접을 하러 오라고 먼저 전화를 걸지 않는다. 전화번호를 알려주고 지원자가 직접 전화를 걸어 약속 날짜를 잡게 한다. 전화를 걸지 않으면 그것으로 끝이다. 면접 결과가 만족스럽더라도 회사에서 먼저 전화를 걸어 결과를 알려주지 않는다. 면접이 끝날 때쯤 지원자에게 어느 지점의 책임자에게 연락을 해보라고 말할 뿐이다. 후보자의 적극성을 테스트하는 것이다.

면접 시간도 그런 장치다. 주로 토요일에 면접을 한다. 지원자가 주말에도 면접에 응할 마음의 자세가 되어 있는지 보기 위해서다. 면접에 참석한 사람이 금요일 밤에 과음을 하지 않았는지 확인하려는 의도도 있다.

이 회사도 처음에는 채용에 실수가 많았다. 이를 줄이기 위해 면접지침서를 만들었다. 30개의 질문이 있다. 처음에는 긴장을 풀기 위해 신상에 관한 가벼운 질문을 던진다. 다음에는 입사를 한다면 동료와 어떤 관계를 유지할 것인지 등의 질문을 던진다. 영업을 하려는 동기에 대해서도 묻는다.

말보다 중요한 것은 행동이다. 사소한 몸짓이나 눈빛에서 훨씬 많은 정보를 얻을 수 있다. 눈길을 끄는 지침 몇 가지를 소개한다.

우선 도착 시간을 반드시 확인한다. 일찍 도착했느냐, 아니면 간신히 왔느냐, 시간에 늦었느냐가 당락에 결정적인 영향을 미친다. 일찍 도착했다는 것은 그만큼 회사에 관심이 있다는 의미이므로 가점을 주어야 한다. 반면 허겁지겁 겨우 시간에 맞추거나 늦게 도착했다면 상대적으로 관심이 적다는 뜻이다. 수업 시간에 늦는 것도 비슷한 맥락이다. 도착 시간은 생각보다 많은 정보를 제공한다. 반드시 기록해 면담자들에게 알려 주어야 한다.

둘째, 무방비 상태에서 표정을 본다. 사람은 긴장하고 있을 때에는 본색을 드러내지 않는다. 그 사람이 어떤 사람인지는 무의식중에 나타난다. 친절한 사람은 의외의 순간에도 친절함이 나타난다. 엉덩이가 가벼운 사람은 본능적으로 다른 사람보다 빨리 행동에 옮긴다. 무방비 상태와 방비 상태일 때 표정 변화가 심한 사람도 조심해야 한다.

셋째, 면접장 안과 밖에서의 태도를 살핀다. 대기할 때의 태도도 좋은 정보가 될 수 있다. 잡지나 신문 등 읽을거리를 놓아두는 회사가 있다. 읽는지 읽지 않는지, 읽은 후에 원래 위치에 두는지 마는지를 본다. 다른 피면접자에게 어떤 반응을 보이는지도 살핀다. 끝나고 나오는 사람에게 말을 거는지, 모르는 사람이 말이 걸어올 때 어떤 반응을 보이는지도 좋은 정보가 될 수 있다. 걸어 들어오는 모습도 중요한 정보다. 당당하게 들어오는지, 어딘가 잔뜩 위축되어 들어오는지, 지나치게 겸손한지 등도 살펴야 한다. 면접장에 일부러 휴지를 떨어트려 두는 회사도 있다. 대기실에서의 태도도 모니터링하고 특이사항은 기록한다.

넷째, 다양한 상황에서 관찰한다. 사람을 제대로 알기 위해서는 술을 마셔보고, 노름을 해보고, 여행을 해보면 된다. 정말 맞는 말이다. 시간과 비용이 허용하는 범위 내에서 다양한 상황에 노출시켜 보면 그 사람에 대해 훨씬 많은 정보를 얻을 수 있다. 기타 다른 행동들도 유심히 살펴야 한다.

다음은 마이너스가 되는 행동들이다.

표정 변화가 심한 사람이 있다. 자기가 얘기할 때는 만면에 웃음을 짓지만, 그렇지 않을 때는 냉랭한 표정을 짓는다. 웃을 일이 아닌데도 자꾸 웃거나 남들이 다 웃는데 혼자 웃지 않는 것도 감점이다. 지나치게 친절하고, 지나치게 칭찬하고, 지나치게 굽실거리는 것도 감점이다.

말할 때 눈을 마주치지 못하는 사람도 있다. 뭔가 진실성이 부족하고 숨기는 것이 있다는 인상을 준다. 지나치게 긴장하는 것도 좋지 않다. 뭔가 부족하고 자신감이 없어 보인다. 의례적인 내용을 큰 목소리로 답하는 사람, 뻔한 얘기를 하는 사람, 질문할 기회를 주어도 하지 않는 사람도 감점이다. 회사에 대해 관심이 없다는 오해를 받을 수 있다.

목소리가 지나치게 작거나 낮은 사람, 발음이 부정확한 사람, 말을 안으로 우물우물하는 사람, 말할 때 손으로 입을 가리거나 입을 작게 벌려 얘기하는 사람도 조심해야 한다. 이런 사람은 기력이 없어 보인다. 이런 사람의 얘기는 신경 써서 듣지 않으면 무슨 말을 하는지 알 수 없다. 그래서 조금만 얘기를 나누어도 피곤하다.

유아적인 말투도 감점이다. '그런 것 같아요'란 말을 많이 쓰는 사람은 자신감이 없어 보인다. '그렇습니다'라고 하면 된다. '솔직히 말해서요', '정말요', '짱이네요' 같은 말도 그렇다. 그것은 학생 때나 쓰는 말이다.

핵심 없이 길기만 한 발언, 중언부언, 다른 사람의 발언에 무임승차하기, 다른 사람의 발언 가로채기, 공감을 전혀 얻지 못하는 발언, 타인에게 공격적이거나 지나치게 방어적인 태도, 소극적 행동도 감점이다.

가점을 주는 행동들은 어떤 것일까? 적극적인 발언, 핵심이 있고 정당한 논리의 대결을 펼치는 것, 다른 사람을 배려하고 발언 기회를 양보하는 것, 다른 사람의 정당한 발언에 공감하는 반응, 다른 사람의 발언을 듣고 이를 더욱 발전시키는 행동 등이다.

☑ 면접 때 특별히 관찰하는 것이 있다면 무엇인가?

☑ 지금까지의 면접 중 가장 기억나는 지원자의 행동이 있다면?

☑ 가점을 가장 많이 주는 행동은?

☑ 감점을 가장 많이 주는 행동은?

☑ 나만이 연출하는 특별 상황 면접이 있다면?

왜 우리가
당신을 채용해야 하죠?
면접 때 꼭 들어가야 할 질문들

면접은 곧 질문이다. 무슨 질문을 던지느냐에 따라 채용의 품질이 달라진다. 질문 내용은 개인에 따라, 회사 상황에 따라 달라질 수밖에 없기 때문에 이러이러한 질문을 해야 한다고 일괄적으로 말하기는 어렵다.

잭 웰치는 이전 직장을 떠난 이유를 반드시 묻는다. 그 사람이 어떤 일자리를 떠났는지에 대한 대답보다 지원자에 대해서 더 많은 정보를 주는 데이터는 없다고 생각하기 때문이다. 물론 솔직하게 답변하지 않는 경우가 많기 때문에 다른 채널을 통해 더블체크를 해보는 것이 바람직하다.

닛산을 살린 카를로스 곤은 가장 혹독한 상황에서 어떻게 대처했는지를 물어본다. 소설을 쓸 수 없는 대목이다. 극도로 어려운 상황을 실제로 잘 극복한 경험이 있다면 그 사람의 능력은 어느 정도 검증되었다고 봐도 좋다.

『리마커블 서비스』 저자이고 고객만족 강의로 유명한 장정빈 스마트경영연구소 소장은 자신을 먼저 소개하고 다음과 같은 질문을 던진다. "마음에 드는 여자를 만났을 때 어떻게 하세요?" "인터뷰 때문에 밤새 고민한 것은 무엇입니까?" "안 물어봐서 섭섭한 것이 있으면 얘기해 보세요" 등이 그것이다.

그중에서도 '물어봤으면 했는데 묻지 않은 것이 있으면 말해 보세요'는 반드시 들어가야 할 질문이다. 이 마지막 질문에 그 사람의 우선순위가 나오기 때문이다. 보수나 휴가일수를 물어보는 사람은 거기에 비중을 높이 두는 사람이다. 그 자리에 배치되면 무엇을 배울 수 있느냐고 묻는 사람은 자기계발에 관심이 많은 사람이다.

질문은 되도록 단순해야 한다. 단순한 질문이 좋은 질문이다. "강점은 뭔가요?" "당신을 채용해야 하는 이유를 설명해 주신다면요?" "10년 후 비전은 뭔가요?" 같은 질문이다.

정답이 예상되는 질문, 책이나 인터넷에서 쉽게 얻을 수 있는 내용은 묻지 않는 것이 좋다. 시간 낭비다. 자기 회사에 대해 얼마나 공부했는지는 반드시 점검해야 한다. 지원자의 기본 자세를 파악할 수 있고, 관심이 클수록 공부를 많이 했을 것이기 때문이다. 또한 사실만을 말하도록 질문하는 것이 중요하다. 지원자가 미래를 예측하거나 과거를 재구성하거나 인생의 커다란 문제를 숙고하게 하는 질문은 꺼내지 않는 것이 좋다.

중요한 질문은 어떤 회계 프로그램을 잘 다루는가, PR 캠페인을 해본 경험이 있는가, 어떤 방법으로 조립라인의 비효율성을 낮출 수 있는가와 같은 구체적이고 실용적인 정보를 확인할 수 있게 해주는 것들이다. 이런 식의 체계화한 면접은 매니저의 관심사를 구체적인 사항에 한정시키므로 비체계적인 면접보다 훨씬 효과가 크다. 물론 자신을 부각시키는 방법을 잘 아는 사람들에게는 이런 면접도 완벽하지 않다.

그런 면에서 하영목의 『핵심인재를 선발하는 면접의 과학』에서 제시하는 질문기법은 큰 도움을 준다. 행동 중심의 질문을 던지라는 것이 핵심이다. 이런 식이다.

"지금까지 살아오면서 가장 몰두했던 일은 무엇입니까? 그 상황을 설명해 주세요. 그 일에서 역할은 무엇이었습니까? 어떤 액션을 취했습니까? 어떤 결과가 나왔습니까? 무엇을 배웠습니까?…"

행동은 조작할 수 없다. 그 행동이 본인 것이었는지, 책에서 읽은 내용이었는지는 들어보면 바로 알 수 있다. 행동과 관련한 질문으로 그 사람에 대해 많은 것을 정확하게 파악할 수 있다.

"가장 기억에 남을 만한 일은 무엇입니까? 왜 그렇습니까? 그것을 통해 무엇을 배웠습니까? 다시 닥친다면 어떻게 하시겠습니까? 자랑할 만한 팀워크의 사례가 있습니까?…"

딱딱하고 어색한 분위기를 풀기 위한 질문을 준비하는 것도 좋다. 본인의 강점이나 자랑거리를 묻는 것도 한 가지 방법이다. 긴장을 해소시켜 자신 있는 답변을 하게 하면 마음의 문을 열게 되어 분위기도 좋아진다.

그 외에 일반적으로 유용하게 쓰일 질문들은 다음과 같은 것들이다.

- 어떤 환경이 직업 선택에 영향을 미쳤습니까?

- 이상적인 직업에 대해 말해 보세요. 또 이상적인 지도자에 대한 생각을 말해 보세요.

- 일하는 스타일에 대해 이야기해 보세요. 스스로 리더라고 생각하십니까, 아니면 추종자라고 생각하십니까? 인간관계와 업무 중 어느 쪽에 더 비중을 두십니까? 혼자 일하는 것과 팀을 이루어 일하는 것 중 어느 쪽을 선호하십니까?

지원자의 경력에 대한 질문은 다음과 같다.

- 갈등이 발생하거나 까다로운 사람을 상대할 때 어떤 방식으로 대처하십니까? 성공한 사례나 전략이 있으면 말씀해 주세요.

- 문제를 해결할 때는 어떤 방식으로 문제에 접근하십니까? 구체적인 예를 들어주세요.

- 문제 해결 노력이 좌절되었던 경우를 한 가지만 이야기해 보세요. 그 상황을 바로잡기 위해 어떤 조치를 취했습니까?

- 어떤 상황에서 비난받은 적이 있다면 그 예를 들어보세요. 그때 어떻게 대처했습니까?

- 고용주의 돈을 절약하는 데 도움을 주신 적이 있습니까? 있다면 그 액수와 방법에 대해 얘기해 주세요.

- 가장 즐겁게 했던 일과 가장 싫어했던 일은 무엇이며 그 이유는 무엇인지 말해 주세요.

- 일하면서 압박감을 느낀 경우가 있으면 그 예를 들어보세요. 그럴 때 어떻게 대처했습니까?

- 업무와 관련된 결정 중 가장 어렵게 내린 결정이 무엇이었는지 얘기해 주세요. 그 결론에 도달할 때까지 어떤 전략을 사용했습니까?

지원자의 현재 또는 최근 직장에 관한 질문은 이런 식으로 한다.

- 현재 당신 상사의 관리 스타일에 관해 설명해 주세요. 그리고 그 스타일이 당신과 어떤 면에서 맞고 어떤 면에서 상충하는지 설명해 주세요.

- 자신의 직업이 마음에 드는 점과 그렇지 않은 점에 대해 말해 주세요.
- 현재 직장에서 일하는 동안 가장 큰 성취는 무엇이라고 생각하십니까? 또 그 일을 이루어 낸 방법은 무엇입니까?
- 현재 직장에서의 하루 일과에 대해 설명해 주세요. 특히 힘든 날과 좋은 날은 어떤 날인지 말해 주세요.

현재 지원한 직책에 대한 질문은 이렇게 한다.

- 이 직책을 지원한 이유는? 우리 회사를 선택한 이유는?
- 우리 회사가 당신의 전 직장이 제공해 주지 못하는 것 중 어떤 부분을 충족시켜 줄 수 있습니까?
- 아는 사람reference이 당신에 대해 어떤 말을 들려줄 거라고 생각합니까?

마무리 질문은 이런 식이다.

- 지금까지 나눈 대화를 통해 이 직책에 대해 어떤 생각을 갖게 되었습니까?
- 당신이 한 해 동안 성취할 목표가 이것입니다. 이 기대를 충족시키기 위해 무엇을 어떻게 하시겠습니까?

생 각 해 보 기

☑ 당신이 반드시 물어보는 질문이 있다면?
☑ 그 이유는 무엇인가?
☑ 그 사람의 성격을 알기 위해 어떤 질문을 던지는가?
☑ 전문성을 알기 위해서 던지는 질문은?
☑ 시작 질문과 마무리 질문은?

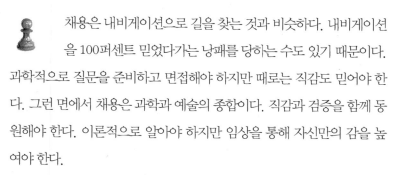

워싱턴포스트의
실험
인재 테스트와 판단의 10가지 기준

채용은 내비게이션으로 길을 찾는 것과 비슷하다. 내비게이션을 100퍼센트 믿었다가는 낭패를 당하는 수도 있기 때문이다. 과학적으로 질문을 준비하고 면접해야 하지만 때로는 직감도 믿어야 한다. 그런 면에서 채용은 과학과 예술의 종합이다. 직감과 검증을 함께 동원해야 한다. 이론적으로 알아야 하지만 임상을 통해 자신만의 감을 높여야 한다.

이 두 가지를 인재 평가에 잘 활용해야 하는 이유를 보여준 재미있는 실험이 있다.

워싱턴 포스트 '선데이 매거진' 2007년 4월 8일자에 '아침식사 전의 진주들Pearls Before Breakfast'란 제목의 칼럼이 실렸다. 몰래 카메라까지 동원한 실험무대에서 나타난 충격적 사실을 토대로 진 웨인가튼 기자가 쓴

것으로 그는 이 칼럼으로 퓰리처상을 받았다.

어느 금요일 아침 7시 51분, 세계적인 바이올리니스트 조슈아 벨이 350만 달러짜리 스트라디바리우스를 들고 워싱턴DC의 랑팡플라자 지하철역에서 45분간 바흐 음악을 연주했다. 그는 수수한 청바지에 야구모자를 눌러썼다. 보통 그의 연주회는 늘 만석을 기록했는데, 1,097명의 출근 인파가 지나간 이때는 과연 얼마나 많은 사람이 그를 알아봤을까? 거의 모든 사람이 벨을 알아보지 못했다. 벨은 겨우 32달러와 동전 몇 개만을 받았을 뿐이다.

사람들의 발걸음을 멈추게 하는 것은 연주의 수준일까, 연주자의 명성일까? 사람들은 상황적 맥락과 타인의 의견을 기준으로 대상물의 질적 수준을 평가한다. 채용 면접에서도 비슷한 상황이 얼마든지 일어날 수 있다.

앞의 실험이 시사하는 바대로 우리는 고정 틀을 버려야 한다. '진주'를 알아보고 골라내기 위한 테스트와 판단의 기준은 다음과 같다.

: : **부적절한 후보는 무시하라_** 지원자의 학력과 경력이 서류상으로는 적절한 것처럼 보이나 그렇지 않은 경우가 종종 있다. 컴퓨터 공학박사 학위를 가진 마이크로소프트 부사장이 벤처기업에 맞을까? 그렇지 않을 확률이 높다. 넉넉한 자금과 안정적인 시장조건에서 일한 경력은 벤처기업에는 맞지 않을 가능성이 크기 때문이다.

: : **중독자를 고용하라_** 기업은 전형적으로 적합한 학력과 경력을 가진 지원자만을 찾는다. 지원하는 기업의 제품에 중독될 정도로 애정을 갖고 있는가가 중요하다. 그렇지 않다면 세상의 어떤 학력이나 경력도 무용지물이다. 열정은 다른 어떤 점보다 중요하다.

: : **자신보다 나은 사람을 고용하라_** 1급 직원은 1급 지원자를 고용하고, 2급 직원은 3급 지원자를 고용한다. 자신보다 우월한 지원자를 뽑으려면 자신감과 자기인식이 필요하다.

: : **직관을 재확인하라_** 내비게이터만 믿는 것은 어리석다. 직관은 맞는 경우도 많지만 틀리는 경우도 그만큼 많다. 모든 지원자에게 같은 질문을 던진 후 심층적으로 메모를 해두기를 권한다.

: : **도전과제를 공개하라_** 최고의 지원자는 위대한 일을 하고 싶어 하며, 대개 위대한 일에는 대단한 도전 과제가 산적해 있다. 스티브 잡스는 펩시콜라 사장이었던 존 스컬리를 애플의 CEO로 채용할 때 "당신은 설탕물만 팔며 인생을 허비하시겠습니까?"라고 물었다.

: : **평판 조회를 독립적으로 실시하라_** 우리는 마음에 든 젊은이가 엉터

리라는 얘기를 피하고 싶어 한다. 그래서 지원자가 제출한 추천서만 확인한다. 하지만 독립적으로 평판 조사를 해보라.

: : 쇼핑센터 테스트를 실시하라_ 쇼핑센터에서 우연히 지원자를 만났다고 가정하라. 15미터 전방이다. 3가지 옵션이 있다. 정면으로 걸어가 인사한다. 정면으로 마주치면 인사하지만 그렇지 않으면 그냥 지나간다. 다른 길로 돌아간다. 지원자가 첫 번째 반응을 보일 사람으로 생각되지 않는다면 채용하지 말라.

: : 모든 무기를 활용하라_ 일단 완벽한 지원자를 찾았다면 어떤 수단을 써서라도 채용하라.

: : 모든 의사결정자를 설득하라_ 면접 도중 "당신의 의사결정에 영향을 미치는 사람은 누구인가?"를 넌지시 물어본 후 어떻게 그 사람들을 만족시킬 수 있는지 궁리하라.

: : 끝났다고 생각하지 말라_ 채용의 종착역은 없다. 모든 직원은 매일 그만두고 그 다음 날 다시 출근한다. 퇴근한 직원에게 애정을 쏟지 않으면 다시는 그 직원을 보지 못할 수 있다.

인간의 눈은
불완전하다
면접관이 저지르기 쉬운 오류들

채용에는 두 종류가 있다. 하나는 회사에 들어오고 싶어 난리인 사람들 중에서 골라내는 것, 또 하나는 회사에 별 관심은 없지만 회사에서 하도 원하니까 부담 없이 구경 삼아 온 사람을 잡는 것이다.

전자인 경우나 신입사원을 채용하는 경우에는 걸러내는 작업에 초점을 맞춘다. 하지만 후자의 경우라면 얘기가 달라진다. 피면접자는 인터뷰하는 사람을 보면서 회사를 판단한다. 찌질한 사람이 말도 안 되는 질문을 던지면 피면접자는 즉시 마음을 접는다. 속으로 '이 회사는 이 정도밖에 되지 않는구나'하고 생각하게 된다.

인터뷰는 글자 그대로 '서로inter 보는view' 것이다. 서로 바라보고 묻고 알아가면서 궁합을 확인하는 과정이다. 이력서가 연애편지라면 면접은 맞선이다. 한쪽이 갑이고 다른 한쪽이 을인 것이 아니라 서로를 보면서 궁합이 맞을지 판단하는 자리다. 핵심 인재일수록 교섭권은 피면접자에게 있다. 그럴 때는 면접자가 피면접자에게 회사를 팔아야 한다. 회사에 들어오도록 설득하고 납득시키고 구애를 해야 한다. 그렇기 때문에 인터뷰에 누구를 내보낼지, 그 사람을 얼마나 훈련시켜 내보낼지 정하는 것이 중요하다. 최고의 후보자를 얻기 위해서는 최고의 패를 보여야 한다.

인터뷰에서 가장 큰 착각은 뽑는 사람이 갑이라는 생각이다. 인터뷰에서 가장 중요한 점은 상호존중이다. 일방적 인터뷰는 인터뷰가 아니라 취조가 될 수 있다. 분위기가 딱딱하고 억압적이면 제대로 된 인터뷰를 하기 어렵다. 자신을 드러내기도 어렵다. 그래서 면접은 중요한 만큼의 함정을 내포하고 있기도 하다.

세계적 리크루팅 회사인 코넬 인터내셔널을 이끌며 월스트리트를 비롯한 신흥 기업들에 인재를 공급하고 있는 앨런 구아리노는 면접에 대해 이렇게 말한다.

"채용 절차 중 사람을 만날 때 그것을 면접이라고 부르지 말고 '채용 전 지식교환PEKE, Pre-Employment Knowledge Exchange'이라고 불러야 한다. 명칭을 바꾸는 것만으로도 나쁜 면접 습관을 버리고, 그 만남을 정보 교환의 장으로 볼 수 있다. 또한 면접관의 일방적인 방송으로 끝날 일도 없게 된다."

채용의 가장 유용한 수단은 면접이다. 면접은 훌륭한 인재 선발 수단이다. 면접이 제 역할을 하기 위해서는 면접관 역시 면접에 대한 교육을 받아야 한다. 그 가운데서도 면접에서의 평가 오류를 방지하는 것에 주의를 기울여야 한다. 인간의 눈은 불완전하기 때문이다.

면접관들을 현혹시키는 것들은 무엇일까?

첫째, 후광효과halo effect다. 평가 오류의 대표선수다. 한두 가지 긍정적 정보를 가지고 다른 미확인 정보도 역시 그럴 것이라 미루어 짐작하는 것을 말한다. 출신 학교가 대표적이다. 명문 대학을 나왔다는 이력서만 보고 다른 것도 다 괜찮을 걸로 생각한다. 아버지가 대기업 사장이라거나 의사라는 이유로 좋은 집안에서 자란 능력 있는 사람일 것이라고 지레짐작한다. 정말 조심해야 한다. 이는 브랜드만 보고 품질을 확인하지도 않고 상품을 구매하는 것과 같다.

둘째, 낙인효과다. 후광효과의 반대개념으로, 부정적인 정보가 확인되지 않은 다른 정보에 악영향을 미치는 것이다. 필기성적이 낮으면 능력도 떨어진다고 생각하는 것이 대표적이다.

셋째, 외모에 현혹되는 것이다. 외모를 무시할 수는 없다. 하지만 외모만 본다든지, 외모에 지나치게 비중을 두는 것은 위험하다. 인물은 멀쩡하지만 무능한 사람도 많기 때문이다. 외모의 영향력은 면접 시간이 짧을수록, 면접 경험이 부족할수록, 면접이 구조화되어 있지 않을수록 크다.

넷째, 말솜씨다. 말을 못하는 것보다는 잘하는 것이 좋다. 하지만 말을 잘한다고 반드시 일을 잘하는 것은 아니다. 말만 앞서고 행동이 따르지 않는 사람을 조심해야 한다.

다섯째, 공유 특성의 현혹이다. 사람들은 자신과 비슷한 사람에게 끌리게 되어 있다. 자신과 공통점이 많은 사람에게 자신도 모르게 후한 점수를 주는 것을 의미한다.

　이 같은 면접에서의 현혹과 오류를 피하는 길은 '면접의 구조화'에
있다. 구조화란 정교하게 준비하는 것을 의미한다. 어떻게 면접 준비
를 할 것인지, 혼자 할 것인지 같이 할 것인지, 사무실에서만 할 것인
지 아니면 장소를 옮겨다니면서 할 것인지, 질문은 어떻게 할 것인지,
세세한 사항을 준비하는 것이다. 구조화하게 되면 평가의 신뢰도를
높일 수 있다.

　말은 따뜻하게 하되 판단은 냉정하게 해야 한다. 지원자의 말보다는
속마음을 읽어야 한다. 평가의 단서나 정보 중 가장 믿을 수 없는 것이
말이다. 말은 거짓이기 쉽기 때문이다. 하지만 사람의 행동은 마음대로
통제가 되지 않는다. 얼굴 표정은 모르는 사이에 속마음을 언뜻언뜻 내
보인다. 보디 랭귀지도 그렇다. 말보다 중요한 것은 말을 할 때의 표정이
나 보디 랭귀지다. 그런 것을 읽을 수 있어야 한다.

　마지막으로 토니 다빌라 스탠퍼드경영대학원 교수가 말하는 10가지
채용 실패 이유를 살펴보자.

- ■　정확히 어떤 사람을 채용할지 모른다.
- ■　인터뷰 준비를 제대로 하지 않았다.
- ■　인터뷰어로서 부적절한 질문을 했다.
- ■　너무 빨리 채용을 결정했다.
- ■　후광효과 때문에 잘못된 사람을 채용했다.
- ■　당신과 비슷한 사람을 채용했다.

- 비현실적인 기준을 제시했다.

- 한 사람만 인터뷰했다.

- 인터뷰 프로세스가 없었다.

- 평판 조사를 게을리했다.

　사기꾼은 대개 인상이 좋고 말이 번지르르하다. 짧은 시간 내에 사람들의 호감을 산다. 그래야 사기를 칠 수 있기 때문이다. 사기를 당한 사람들은 그 사람이 사기꾼일 거란 생각을 꿈에도 하지 않는다. 오류를 방지하려면 사람을 대상으로 임상과 연구를 계속해야 한다. 그것이 채용의 기술을 익히는 방법이다.

생각해보기

- ☑ 당신만의 면접 프로세스가 있다면?
- ☑ 어떻게 상대의 마음을 편하게 해주는가?
- ☑ 가장 기억에 남는 면접에서의 실수는?
- ☑ 왜 그런 실수를 했을까?
- ☑ 평가 오류 중 내가 가장 많이 하는 실수가 있다면?

CHAPTER 04

현명한 CEO는
천천히 뽑는다

: : 딱 맞는 사람만 골라 뽑는 채용의 비법

유능한 직원에
집중하라
채용이 그토록 중요한 이유

공장의 문제점을 해결하기 위해 1년간 파견근무를 한 적이 있었다. 회사에서는 필자를 도와줄 두 사람을 배치해 주었다. 한 분은 나이가 많은 현장 출신의 홍석화가명, 다른 한 사람은 전문학교를 나온 20대 후반의 한상필가명이었다. 나중에 들은 얘기지만 두 사람 다 현업에서 밀려난, 한마디로 물을 먹은 처지였다. 홍 씨는 오랫동안 현장 책임자로 일했지만 우유부단하고 리더십이 부족하다는 이유로 한직으로 밀려나 특별히 하는 일 없이 시간을 보내던 중이었다. 한 씨는 현장 작업자 출신으로 한때는 인정을 받아 회사에서 전문학교까지 보내주었지만 사사건건 반항한다는 이유로 역시 뚜렷한 보직 없이 지내는 상태였다.

주어진 사람이 둘뿐이지만 공장의 문제점을 해결해야 한다는 막중한 책임 때문에 그들과 같이 먹고 자고 하면서 열심히 일했다. 문제의 원인이 무엇인지 찾아다니고, 처방을 내리고, 그것을 실천하고, 처방이 제대로 작동하고 있는지 확인하고, 매일 저녁 결과에 대한 회의를 하고, 저녁이면 맥주를 마시며 내일을 다짐하고⋯. 1년간 두 사람의 헌신적인 도움으로 문제점을 깨끗이 해결했는데, 그 과정에서 늘 필자의 머릿속을 떠나지 않는 이슈가 있었다.

무엇을 역량이라 하는가, 유능함과 무능함의 기준이 무엇인가, 배울 수 있는 것은 무엇이고 배울 수 없는 것은 무엇인가, 이렇게 유능한 직원이 무능한 사람으로 낙인찍힌 이유가 무엇인가, 이런 실수를 막기 위해 관리자가 갖추어야 할 조건은 무엇인가?

두 사람이 각자의 역량을 십분 발휘한 것은 필자와 궁합이 잘 맞았던 탓도 있었지만 업무 자체가 그들에게 맞았던 이유가 컸다. 홍석화 씨는 큰 조직을 다스리고 직원들을 통솔하는 데는 미숙했지만 순발력과 대인관계가 좋아 태스크 포스 성격의 일에는 제격이었고 그런 이유로 성과를 올린 것이다. 한상필 씨는 사람과 접촉하는 일은 성격에 맞지 않고 그보다는 설비와 장비의 문제점을 과학적으로 분석하고 처방하는 데 탁월한 재능이 있었다. 하지만 대기업에서 이런 개개인의 역량을 살리기는 쉽지 않았기 때문에 현업에서 찬밥 신세로 있었던 것이다.

관리자의 역할이란 무엇일까? 이상적인 관리자의 상은 어떤 것일까? 사람들은 다음과 같은 관리자를 이상적으로 생각한다.

'사람에게는 모두 잠재력이 있다. 그들이 잠재력을 발휘하도록 관심을 갖고 애정을 쏟으면 그들은 리더로 성장할 수 있다. 관리자의 역할은 직

원의 잠재력을 극대화하는 것이다.'

하지만 과연 그럴까? 이런 관리자가 실제 현장에서 성과를 내고 있을까? 아마 그렇지 않은 관리자의 얼굴을 여럿 떠올리며 고개를 갸우뚱할 사람이 꽤 있을 것이다.

여기에 의문을 품은 갤럽은 20년간 탁월한 관리자를 대상으로 조사를 했다. 주제는 '탁월한 관리자는 도대체 어떤 방식으로 유능한 직원들을 찾고 그들의 잠재력을 극대화시키는 것일까?'였다. 결과는 예상과 너무 달랐다. 이 조사 프로젝트를 이끌었던 마커스 버킹엄의 얘기다.

"채용이 가장 중요합니다. 버스가 어느 방향으로 갈지보다 버스에 어떤 사람을 태울지를 먼저 결정해야 합니다. 올바른 사람을 태우면 다른 것은 별로 문제 되지 않습니다. 하지만 잘못된 사람을 태우면 사사건건 문제가 됩니다. 문제가 되지 않을 것도 문제가 됩니다. 비전이고 동기부여고 다 소용없는 일입니다. 가장 중요한 것은 채용입니다. 하지만 쉬운 일이 아닙니다."

채용이 중요한 이유는 사람이 쉽게 변하지 않기 때문이다. 가장 중요한 것은 강점을 찾아 이를 업무에 연결시키는 것이다. 고난 속에서 침착성을 유지하는 것, 늘 고객에게 친절함을 베푸는 것, 누구와도 쉽게 친해지는 것, 얼굴만 보아도 고객이 무엇을 원하는지 알아채고 거기에 대비하는 것…, 이것이 재능이다. 관리자가 할 일은 이런 재능을 찾아내고, 이 재능이 더욱 빛을 발하도록 도와주는 것이다.

"무능한 직원에게 시간과 각종 투자를 하는 것은 어리석은 일이다. 그런다고 무능한 직원이 나아지지 않는다. 유능한 직원에게 모든 투자를 집중하라. 더욱 나은 성과로 이어질 것이다."

탁월한 관리자들의 주장이다. 새롭게 들리는가? 그렇지 않다. 이미 GE 같은 세계적인 기업은 이 사실을 깨닫고 이를 실천하고 있다. 모든 직원에게 균등한 교육을 베푸는 것이 아니라 상위 20퍼센트의 직원에게 교육 등 각종 혜택을 집중하고 있다.

안 되는 사람에게도 많은 공을 들이면 언젠가 좋아질 수는 있다. 하지만 비용과 시간 투자가 너무 큰 것이 문제이다. 그렇다면 관리자가 가장 많은 시간을 써야 할 곳은 바로 채용과 배치일 것이다. "당신이 채용에 5분밖에 시간을 사용하지 않는다면, 잘못 채용된 사람으로 인해 5,000시간을 사용하게 될 것이다." 피터 드러커의 말이다.

시간이 지날수록 인재 때문에 고민하는 기업이 늘어나고 있다. 사람은 많지만 쓸 만한 사람이 없다는 것이다. 쓸모없는 사람은 계속 있으려 하고 정작 유능한 사람은 몇 년 있다가 다른 곳으로 옮긴다.

전문성은 있지만 리더십이 부족해 부하들을 이끌지 못하는 사람도 있다. 그렇기 때문에 대부분 기업들이 리더십 교육에 많은 비용과 시간을 투자하고 있다.

일선에서 리더십 교육을 하다 보면 종종 이런 생각이 든다. '모든 사람에게 무조건 리더십 교육을 시키는 것이 정답일까? 가능성이 없는 사람들에게 리더십 교육을 하는 것이 효과가 있을까? 그런다고 나아질까?' 물론 교육을 통해 조금 나아지긴 할 것이다. 교육을 통해 새로운 깨달음을 얻는 사람도 있을 것이다. 하지만 아무 열정 없이, 아무 갈증 없이 그저 회사에서 가라고 하니까 와서 지루한 얼굴로 앉아 있는 사람도 많다. 저런 사람들은 직장에서도 비슷한 얼굴로 앉아 있을 것이다. 그런 사람

들에게 리더십 교육을 하는 것은, 하는 기업도 받는 사람도 강사도 모두 손해일 뿐이다.'

조직이 올바른 성과를 내기 위해서 가장 필요한 것은 무엇일까? 리더십의 요체는 무엇일까? 바로 채용이다. 올바른 사람을 뽑는 것이 리더십의 첫 단추이다. 리더십은 결국 채용이다. 채용이 알파요 오메가이다. 채용을 잘하면 나머지 부분이 조금 약해도 상관없다. 하지만 채용에서 실패하면 다른 것을 아무리 잘해도 소용없다.

그렇기 때문에 훌륭한 관리자가 되려면 채용에 많은 열정을 쏟아야 한다. "인재를 확보하고 개발하는 것이나 금을 캐는 것이나 똑같다. 금 1온스를 캐내려면 수 톤의 흙을 파내야 한다. 흙을 파낸다고 해서 우리에게 흙이 필요한 건 아니다. 우리는 금을 얻으려고 하는 것이다." 전설적인 세일즈맨 지그 지글러의 얘기이다.

하지만 현실은 어떤가? 대충 뽑고 나서 일을 잘해주기를 기대한다. 모리타 아키오 소니 전 회장은 이렇게 주장한다.

"직원 채용은 중요한 쇼핑이다. 가령 한 직원이 정년퇴직할 때까지 10억 원을 받는다고 치자. 그렇다면 회사에서 한 직원을 채용한다는 것은 당연히 10억 원짜리 물건을 사는 셈이 된다. 이것은 상당한 고가이기 때문에 함부로 살 수 있는 것이 아니다."

직원 채용은 기계 장치에 대한 투자보다 더 중요한 의사결정이다. 불량기계는 기계의 문제로 그치지만, 사람을 잘못 채용하면 타 조직에도 큰 영향을 끼친다. 반품도 수월치 않다. 반면 좋은 인재는 10만 명을 먹여 살릴 수 있다. 좋은 인재는 감가상각이 되지도 않는다.

동네축구를 할 때 가장 필요한 것은 무엇일까? 좋은 선수를 뽑는 것이다. 일류대학과 삼류대학의 차이점은 무엇일까? 일류대학은 일류학생이 오고, 삼류대학은 삼류학생이 온다는 점이다. 교수가 좋고, 학교 설비가 좋고, 졸업생이 좋고 등의 이유도 있지만 가장 큰 차이는 좋은 신입생이 온다는 점이다.

'사월에 보리밥', '노랑저고리' 등의 프랜차이즈 한식당으로 큰 성공을 거둔 오진권 사장은 프랜차이즈를 모집할 때 세 종류의 사람은 뽑지 않는다.

첫째, 동업하는 사람은 뽑지 않는다. 깨질 개연성이 높기 때문이다. 예를 들어, 한 사람이 청소를 열심히 하고 있는데 다른 사람이 신문이나 보고 다른 짓을 한다면 당연히 잡음이 생기면서 사업이 되지 않을 것이다.

다음은 고위 공무원 출신이나 갑의 입장에 오래 있었던 사람이다. 늘 대접을 받아온 사람들이라 깁스를 한 것처럼 뻣뻣하고 거만하기 때문에 서비스업과 맞지 않는다는 것이다.

마지막으로 식당 경험이 있는 사람도 안 된다. 이런 사람들은 나름대로 경험과 노하우가 있기 때문에 본사 지시에 충실하지 않고 딴생각을 하고 요령을 피우기 때문이다.

채용의 중요성은 아무리 강조해도 지나치지 않다. 집안에도 어떤 사람이 들어오느냐에 따라 집안이 흥하거나 망한다. 중소기업의 경우는 더 심각하다. 대기업이야 한두 사람이 고춧가루를 뿌려도 영향을 상대적으로 적게 받지만 중소기업은 한두 사람 때문에 기업의 운명이 바뀔 수도 있기 때문이다. 그렇기 때문에 채용은 가장 중요한 기업활동의 하나이고 최고경영자들이 끊임없이 고민해야 하는 이슈이다. 선 마이크로의 존 스컬리 회장은 "좋은 인재가 중요한 이유는 좋은 인재는 또 다른 좋은 인재를 끌어오기 때문이다"라고 얘기했다. 삼성의 이건희 회장은 "좋은 인재 선발에 사장이 직접 나서라"고 주장했다.

좋은 인재가 없다고 한탄하지 말고 좋은 인재를 찾지 못하는 자신의 안목을 반성하고, 어떻게 하면 그들을 찾고, 채용하고, 유지할지 고민하고 노력해야 한다.

생 각 해 보 기

☑ 당신도 채용이 중요하다고 생각하는가?

☑ 그렇게 생각하는 이유는?

☑ 중요한 채용을 위해 당신이 하는 일은?

☑ 지금의 채용 방식 및 프로세스에 만족하는가?

☑ 채용과 관련해 가장 고민하는 문제는?

간판이 아닌
역량을 채용하라
탁월한 채용의 제1 원칙

 축구선수를 뽑을 때 어느 학교를 나왔는지, 어느 지역 출신인
지는 전혀 중요하지 않다. 가장 중요한 것은 축구를 잘하느냐
이다.

채용의 제1 원칙은 역량으로 뽑는다는 것이다. 혁혁한 성과를 낸 사람
들은 이 사실을 본능적으로 알고 실행했다.

역량으로 인재를 뽑은 대표선수는 링컨 대통령이다. 링컨은 적군과 아
군을 구분하지 않았다. 윌리엄 수어드와 에드윈 스탠턴이 대표적이다.
이들은 링컨의 정적이었고 사이가 나빴지만 나중에 링컨과 같이 일을 하
면서 큰 성과를 냈다.

수어드는 촉망받는 공화당 대통령 후보였다. 하지만 1860년 공화당
대통령 후보경선에서 애송이 링컨에게 고배를 마셨다. 링컨은 그를 국

무장관에 선임한다. 그는 국무장관 초기 국정을 두고 링컨과 크고 작은 갈등을 빚었지만, 곧 서로의 능력을 신임했고 내각의 수장으로서 탁월한 능력을 발휘한다. 수어드는 링컨의 연설 및 선언과 관련해 많은 조언을 한다. 링컨 역시 외교 문제는 거의 전적으로 수어드에게 책임과 권한을 위임했다. 처음에는 라이벌이었지만 나중에는 찰떡궁합이 된 셈이다.

스탠턴도 그런 인물이다. 그는 무명 변호사였던 링컨을 촌뜨기 변호사라고 놀렸다. 더구나 민주당 소속이었다. 그러나 링컨은 그를 국방장관으로 임명했다. 스탠턴만한 인물이 없다고 판단했기 때문이다. 스탠턴은 장관직을 기꺼이 받아들였고 불굴의 의지로 업무에 헌신하여 머지 아 링컨의 판단이 정확했음을 입증한다. 스탠턴은 육군성을 개혁해 효율적인 부처로 탈바꿈시켰다. 링컨의 아들 로버트는 훗날 스탠턴에 대해 이렇게 회상한다.

"그분은 아버지가 서거한 후 열흘이 넘도록 매일같이 저를 찾아와서 처음 5분 동안은 아무 말 없이 눈물만 흘렸습니다."

김정태 전 국민은행장도 그런 사람이다.

'이제 이 직장에선 끝이구나…' 1998년 8월 26일 김정태 동원증권 사장이 신임 주택은행장으로 결정되었다는 소식을 들은 이 은행 리스크 관리팀 김영일 팀장은 한숨을 쉬었다. 김 팀장은 김 사장이 은행장 후보로 부상하자 취임에 앞서 이른바 '안티 김정태 세력'의 핵심 역할을 했다. 부장단 모임에서 반대 성명서를 집 했고 부장단 대표 자격으로 인선위원장을 만나 내부인이 행장이 되어야 한다며 김정태 불가론을 역설했다.

김 행장은 부임 후 김 팀장으로부터 업무보고를 받고 리스크 관리계정이 잘못된 것 아니냐고 지적했다. 다음날 아침 김 팀장은 행장실에 찾아가 밤새 쓴 보고서를 내밀며 증권과 은행 간 리스크 관리 체계의 차이를 설명했다. 남다른 데가 있었다. 이때부터 김 팀장은 행장실에 수시로 불려가는 사람 중 한 명이 되었다. 이 일을 계기로 그는 전략기획 등 핵심 업무를 맡으며 고속 승진했다. 3개월 후 1급 부장, 다시 3개월 후 본부장, 다시 6개월 후 전략본부 담당 부행장으로 승진했다. 김 행장은 왜 그를 중용했을까?

김 행장의 설명이다.

"취임하니까 누구누구가 앞장서서 나를 반대했다는 고자질이 여기저기서 들어오더군요. 물론 김 팀장 이름도 들어 있었지요. 서로 물어뜯는 한심한 풍토였습니다. 그런데 업무에 관한 김 팀장의 설명을 들어보니 전체의 시각에서 문제를 보려고 하더군요. 보통은 자기 것만 들고 와서 자기 분야의 관점에서만 얘기를 하는데, 이 친구는 달랐어요. 한참 열띠게 토론하고 또 부르고 그랬지요."

김 행장은 김 팀장에게 시험 삼아 어려운 일을 맡겨봤다. 잘해냈다. 더 독한 일을 맡겼는데 역시 잘해냈다. 성실성도 돋보였지만 언제나 결과물이 좋았다. 철저한 시장주의자로 오로지 능력과 실적만을 인사원칙으로 삼는 김 행장의 선구안이 적중한 것이다.

인사권자라면 누구나 능력과 실적을 위주로 공정한 인사를 하겠다고 강조하지만 김 행장처럼 이를 실천한 경영자는 많지 않다.

채용에서 가장 중요한 잣대는 역시 실력이다. 히딩크도 그런 사람이다. 그의 말이다.

"저는 철저하게 역량만으로 선발합니다. 또 직접 나섭니다. 주변에서 추천을 받긴 해도 선수의 경쟁력 말고는 아무것도 고려하지 않습니다. 만약 내가 정치적 이유로 선수를 선발한다면 그건 목표를 망치는 지름길입니다. 우리의 목적은 경쟁력 있는 팀을 만드는 것이지, 정치적인 팀을 만드는 게 아닙니다. 내게 빽은 통하지 않습니다. 내가 레알 마드리드를 그만둔 것도 선수 채용 문제 때문이었습니다.

나는 오로지 축구라는 잣대로 모든 일을 결정합니다. 다른 정치적 요인이 끼어든다면 제대로 된 결정을 내릴 수 없습니다. 분위기에 영향을 받을 수는 있지만 감독으로서 내리는 최종 결정은 오로지 축구에 의한, 축구를 위한, 축구를 통한 결정이어야 한다는 게 내 신조입니다."

축구를 잘하는지는 설왕설래할 필요 없이 볼을 주고 드리블 한 번, 슛 한 번 시켜보면 바로 알 수 있다. 영어도 그렇다. 토익 만점도 중요하지만 그보다 더 중요한 것은 까다로운 바이어를 설득하고 일을 성사시키는 것이다. 역량을 알고 싶다면 일을 시켜봐라. 그게 최선이다.

생 각 해 보 기

- ☑ 현재 채용의 기준이 역량인가?
- ☑ 그렇지 않다면 어떤 기준이 중요한가?
- ☑ 그렇게 되는 이유는?
- ☑ 역량을 어떤 식으로 평가하는가?
- ☑ 다른 평가 방법은 없을까?

회사의 가치관과
일치하는 사람을 채용하라
탁월한 채용의 제2 원칙

지식은 가르칠 수 있지만 가치관은 바꾸기 어렵다. 채용이나 승진 때 가장 조심해서 볼 것은 바로 가치관이다. 아무리 성과를 많이 낸다 하더라도 회사의 가치관에 맞지 않는 사람을 채용하면 두고두고 골치 아픈 일이 생긴다. 좋은 사람을 채용하기 위해서는 우선 회사의 가치관을 분명히 해야 한다. 우리 회사의 존재 이유를 분명하게 밝히고 거기에 맞는 사람을 채용해야 한다. 인사 쪽에서 성과를 내는 글로벌 기업들은 대부분 가치 지향적이다.

::AES_이 미국 발전회사의 핵심가치는 4가지다. 성실, 공평, 사회적 책임, 재미가 그것이다. 기회에 비중을 많이 둔다. 재미있는 일을

할 기회, 새로운 것을 배울 수 있는 기회, 다양한 일을 시도할 수 있는 기회가 그것이다. 19개국에서 100여 개의 공장을 가동한다. 전 직원이 1만 명인데 본사 인원은 30명 정도에 불과하다. 이들이 설명하는 기업의 존재 이유다.

"기업의 존재 이유는 자원을 적절하게 활용해 전 인류에게 필요한 것을 제공하는 것이다. 이윤도 물론 중요하다. 그러나 이윤 추구가 기업의 유일한 존재 이유는 아니다."

발전회사지만 매우 가치 중심적인 회사다. 이런 회사일수록 가치관에 맞는 사람을 채용하는 것이 중요하다.

이들은 채용 때 전문성보다 인성과 능력을 주로 본다. 기업문화에 쉽게 적응할 수 있는 사람을 선호한다. 특정 발전소에서 신규 직원이 필요하면 해당 발전소에서 근무하는 기존 직원이 뽑는다. 서류심사를 거친 후 먼저 전화로 면접을 한다. 전화 면접에서는 "우리 회사에 입사하려는 이유는 무엇입니까?" "다음 직장에서는 어떤 일을 하고 싶습니까?" 같은 질문을 한다. 전화 면접을 통과한 지원자는 이후 몇 차례 더 개별 면접과 단체 면접을 거친다. 이때 기업문화에 적응할 수 있는 사람인지를 판단한다. "직장생활을 즐겁게 하려면 어떻게 해야 하나요? 직장에서는 누구나 똑같이 대우를 해주어야 한다고 생각합니까? 그렇게 생각한다면 이유는 무엇입니까? 당신의 업무 효율성을 높이기 위해 어떤 노력을 했습니까? 선례가 없는 일을 해야 할 경우 어떻게 하시겠습니까? 이제까지 당신이 거둔 가장 중요한 성과를 두 가지만 든다면 어떤 게 있을까요?" 등의 질문을 주로 던진다.

단체 면접에서 마음에 드는 지원자가 있으면 발전소장과 면담을 한다. 단순히 소개하는 자리가 아니라 직무에 대해 상세하게 소개하는 의미도 있다. 이런 과정에서 한 사람이라도 지원자에 대해 부적합하다는 의견을 내놓으면 탈락이다. 전문적인 기술에 대해서는 거의 묻지 않는다. 입사 후 얼마든지 배울 수 있다고 생각하기 때문이다. 한 직원은 이에 대해 "우리는 항상 새로운 것을 배우기를 좋아하는 사람을 뽑는다"고 설명한다.

"항상 불평하고 우울해하고 다른 사람을 탓하고 책임을 지지 않고 정직하지 않고 남을 믿지 못하는 사람은 우리 회사에 맞지 않는다. 일을 찾아서 하는 것이 아니라 항상 누가 무슨 일을 하라고 지시할 때까지 기다리는 사람도 적합하지 않다. 융통성 없이 '그것은 내 일이 아닌데요'라고 말하는 사람도 맞지 않는다."

이것이 이들의 기준이다. 이 회사의 이직률이 낮은 것은 채용 기준이 그만큼 효과적으로 작용했다는 방증이다.

: : PSS월드메디컬_의료기기 유통으로 연간 약 20억 달러의 매출을 올리는 회사다. 직원은 4,500여 명. 이 회사 역시 가치 지향적이다. 이 회사의 주장이다.

"사업하는 사람은 가치에 대해 얘기하는 것을 좋아하지 않는다. 그러나 가치를 추구하지 않는다면 사업은 돈 버는 것 외엔 아무 의미가 없다. 사업상 목표를 달성하는 것은 중요하다. 하지만 목표가 아무리 중요해도 기업 가치를 희생해서 얻는 목표는 의미가 없다. 목표 때문에 직원을 정당하게 대우하지 않고 고객과의 거래에서 무조건 비용을 줄인다면 아무

의미가 없다."

이 회사는 어느 날 직원 관찰용 감시카메라를 야구방망이로 부숴버렸다. 사람은 감시한다고 나아지지 않는다는 것을 알리기 위해서다. 이 회사가 어떤 회사인지를 나타내는 좋은 사례이다.

이 회사 역시 올바른 태도와 가치관을 가진 사람을 찾는 데 주력한다. 경력 사원을 뽑기도 하지만 학교를 갓 졸업한 사람 중에서 신규 직원을 채용하는 것을 선호한다. 고학력자는 거의 채용하지 않는다. 명문대 출신도 거의 없다. 주로 플로리다 주변의 지방대 출신들이다.

입사하면 누구나 영업부터 해야 한다. 회사는 영업을 해봐야 업무를 파악할 수 있다고 생각한다. 그래서 고학력자에게는 매력이 없다. 주로 개인 추천을 통해 채용이 이루어진다. CEO의 설명이다.

"우리는 신문에 채용공고를 내지 않는다. 기본적으로 직원들의 개인 추천을 받아 채용한다. 내가 할 일은 직원들이 신나게 일할 수 있는 환경을 만들어주는 것이다. 그러면 자연히 직원들이 다른 사람에게 회사 자랑을 할 것이다. 그러다 사람이 필요하다고 직원에게 얘기하면 쉽게 적임자를 채용할 수 있다."

채용에서 회사의 이미지는 그래서 중요하다. 미리 좋은 회사라는 입소문이 나 있으면 사람들은 속으로 이 회사에 들어가고 싶어 할 것이고 좋은 직원을 채용하기가 상대적으로 쉽다.

영업하는 직원은 경쟁사 직원을 만날 일이 많다. 이런 기회를 통해 자연히 그들이 누구이고, 누가 일을 잘하고, 누가 우리 회사에 맞는 사람인지 알게 된다. 인사 담당자의 말이다.

"우리는 팀워크에 적합한 사람을 뽑는다. 목표의식이 있고 적극적이고 진취적이고 의욕적인 사람과 함께 일하는 것이 좋다. 아무리 실적이 좋아도 부정적인 태도를 보이고 팀워크를 해칠 경우 엄격하게 처리한다."

캘리 사장은 "전 직원이 자신이 최고경영자라는 마음가짐으로 일할 수 있는 기업을 만들고 싶다면 우선 최고경영자가 될 자질이 있는 사람을 뽑아야 한다. 사람들에게 일을 잘하고 큰 성과를 낼 수 있는 방법은 가르쳐줄 수 있다. 하지만 성과를 달성하고픈 의욕을 가지도록 가르칠 수는 없다"고 강조한다. 실력보다 의욕이 중요하다는 것이다.

: : **맨즈웨어하우스_** 맞춤 신사복의 최대 할인 유통업체다. 1995년에서 1999년 사이 매출은 매년 26퍼센트 증가하고 순이익은 29퍼센트 증가했다. 사양산업으로 평가받는 의류업계에서 맨즈웨어하우스가 성공을 거둔 비결은 무엇일까?

바로 사람에 대해 관심을 가졌기 때문이다. 조지 짐머 사장은 "우리 사업은 의류사업이 아니라 사람 중심 사업"이라고 강조한다. 회사의 목표는 직원들이 서로에게 관심을 갖고 자신과 동료가 모두 최대한 잠재력을 발휘하도록 최선을 다하게 하는 것이다. 잠재력 발휘는 단순히 옷 판매와 관련된 문제가 아니다. 개인의 능력을 발전시키고 가정에서는 더 좋은 배우자, 더 좋은 부모가 되는 것까지 포함한다.

맨즈웨어하우스의 사훈이다.

"우리가 추구하는 목표는 매출을 극대화하고 고객에게 최고의 가치를 제공하며 최상의 고객서비스를 제공하는 한편, 우리 자신도 즐겁게 일하고 스스로의 가치를 유지하는 것이다. 이러한 가치는 창의성을 계발하고, 회사와 함께 발전하며, 건강하고 행복한 삶을 영위하며, 지역 사회에도 적극적으로 기여할 뿐 아니라 자아실현에도 최선을 다하는 것을 말한다."

창립자이자 최고경영자인 짐머 사장은 철저한 서비스, 팀워크, 긍정적 사고방식을 강조한다. 지금은 430개 지점에 6,000명의 직원을 거느린 대기업이다. 다양한 훈련을 실시하고 마약 문제가 있을 경우 치료비도 댄다. 안식년제도도 실시하고 있다. 전략의 핵심은 '의상컨설턴트 Wardrobe'라고 불리는, 전문지식과 서비스 정신을 겸비한 판매직원을 통해 최고의 서비스를 제공하는 것이다. 품질을 보증하고, 수명이 다할 때까지 A/S하고, 하자가 있을 경우 바로 회수한다.

이들은 고객을 대하는 태도에 따라 일반 판매원, 컨설턴트, 강매자로 구분한다. 판매원은 고객이 원하는 것을 충족시켜 주기는 하지만 그 이상의 노력은 하지 않는다. 강매자는 고객의 입장은 생각하지 않고 무조건 많이 팔려고만 하는 사람이다. 컨설턴트는 의사나 변호사처럼 전문가로서 고객의 이익을 먼저 생각하는 사람이다.

점포당 직원 수는 다소 많은 편이다. 최고의 서비스를 제공한다는 전략 때문이다. 점장과 부점장, 두 명의 재단사, 세 명의 컨설턴트, 두세 명의 판매 담당자가 있는데 모두 정규직이다.

모든 직원의 고용은 해당 지역 책임자가 결정한다. 결원이 생겼을 때 신속한 충원을 위해 평소에 입사를 원하는 사람들의 명단을 확보해 놓는다. 관리자들에게 면접 방법도 교육한다. 짐머 사장은 이렇게 말한다.

"우리가 원하는 사람은 단순한 판매사원이 아니라 컨설턴트로서의 잠재력을 갖고 있는 사람이다. 의욕적이고 쾌활하며 사람들을 진심으로 대할 수 있는 직원을 원한다. 과거 의류 직종에 종사한 경험이 없어도 상관없다."

생 각 해 보 기

☑ 당신 회사의 가치관은 무엇인가?

☑ 이 가치관을 구체적으로 인지하고 실천하고 있는가?

☑ 가치관에 맞는 사람을 채용하는가?

☑ 가치관에 맞는지 여부를 어떻게 알 수 있는가?

☑ 근무 중 가치관과 맞지 않는 사람을 발견하면 어떻게 조치하는가??

필요한 사람이
직접 뽑게 하라
탁월한 채용의 제3 원칙

초등학교 시절, 매일 오후 동네에서 축구경기가 벌어졌다. 고만고만한 애들끼리의 경기지만 우리는 꽤 진지했다. 심지어 물을 먹고 나서 뛰면 속이 출렁거린다는 얘기를 들은 뒤 물도 안 마시고 코치의 작전에 따라 열심히 뛰었다.

하지만 경기의 승패는 냉정하게도 대개 누구와 편을 먹었느냐에 따라 결정되었다. 우리는 스타선수를 우리 편으로 끌어들이기 위해 갖은 노력을 다했다. 딱지, 구슬, 팽이 등 뇌물도 동원했다. 전략이나 심판 판정은 그다음 문제였다.

"슬로건이나 연설만으로는 아무것도 변화시킬 수 없다. 그것은 변화가 필요한 곳에 적당한 사람을 배치함으로써 가능하다. 조직에서 가장 중요한 것은 인재이고, 전략이나 그 외의 것들은 그다음이다." 잭 웰치의 말이다.

상품과 서비스도 중요하고 전략도 중요하지만, 결국 경영의 핵심은 그것을 실천하는 사람이다. 사람의 중요성은 아무리 강조해도 지나치지 않다. 그런데 이 말을 누구에게나 잘해주어야 하는 것으로 착각하는 사람이 있다. 그는 질문도 많다. 능력이 떨어지는 사람을 어떻게 잘해줄 수 있느냐, 능력이 뛰어난 사람은 오래 붙어 있지 않으니 무작정 잘해줄 수도 없는 것 아니냐, 도대체 잘해준다는 말의 의미가 무엇이냐, 잘해주고 싶어도 좋은 사람들이 와야 해줄 것 아니냐, 좋은 사람이라는 의미는 구체적으로 무엇이냐…

동네축구에서 승리하려면 우선 좋은 선수를 확보할 수 있어야 한다. 회사도 올바른 사람을 뽑는 것이 성공의 첫걸음이다. 돼지에게 많은 비용을 들여 노래를 잘 부르게 하는 것보다 돼지를 팔아 카나리아를 구입하는 것이 좋은 노래를 듣는 첩경이다.

채용은 쓸 사람의 책임이다. 결혼할 사람이 배우자를 고르는 것은 당연하다. 내가 결혼할 사람을 제 3자가 골라준다는 것은 말이 되지 않는다. 하지만 아직도 많은 기업에서는 내가 쓸 사람을 다른 사람이 골라준다. 쓰는 사람도 고용된 사람도 불만이 클 수밖에 없다.

채용은 인사부서의 일이 아니다. CEO를 포함한 관리자가 가장 우선순위에 놓는 일이 되어야 한다. 그동안 우리 기업의 가장 큰 실패는 여기에서 출발했다. 뽑는 사람과 쓰는 사람이 철저하게 분리되었다. 뽑는 사람조차 어떤 사람을 뽑아야 하는지 제대로 깨닫지 못한 상태에서 사람을 뽑고 배치했다. 특히 대기업에서는 아직도 그런 기업이 있다 대졸사원을 수천 명씩 무더기로 뽑아서 대강 전공을 기준으로 계열사에 배치한다. 전자과를 나온 사람은 전자 쪽에, 화학과를 나온 사람은 화학 쪽에, 문과 출신은 인사나 총무 쪽에…. 이는 마치 김장철 배추를 확인도 안 하고 밭떼기로 사는 것과 똑같다. 밭떼기란 것은 물량 확보가 우선이다. 사람의 머릿속 품질이 중요한 게 아니고 사람 머릿수가 중요하다고 생각한 것이다. 그러다 보니 뽑는 사람도 뽑힌 사람도 불만이 많다. 채용 원칙도 좋은 대학을 나왔느냐, 군대를 갔다 왔느냐, 남자냐 여자냐, 입사시험 성적이 어땠느냐가 다다. 인터뷰도 몇 명씩 앉혀놓고 진행한다.

사람 뽑는 일을 인사부서에 일임하는 것은 평생을 함께할 배우자 고르는 일을 남에게 맡기는 것만큼이나 어리석은 일이다. 어떤 종류의 사람, 어떤 능력을 가진 사람이 필요한지는 일선의 관리자가 가장 잘 안다. 내가 뽑은 사람이 아닐 경우는 책임감도 희박해지게 마련이다. 나는 원치 않았는데 부모님이 짝지어준 배우자와 사는 것과 내가 좋아서 선택한 배우자와 사는 것은 근본적으로 차이가 있다. 채용은 쓸 사람이 책임져야 한다.

이 문제만 해결해도 인사 문제의 반은 해결된 것이나 마찬가지이다.

생 각 해 보 기

☑   내가 쓸 사람을 내가 채용하는가?

☑   아니라면 그 이유는 무엇인가?

☑   그럴 경우 성공 확률이 어느 정도 되는가?

☑   내가 쓸 사람을 다른 사람이 골라주었을 때 어떤 일이 일어나는가?

☑   회사 내에 그런 사례가 있다면 그를 통해 배운 점은 무엇인가?

인재만이 인재를
알아본다
탁월한 채용의 제1 스킬

사진을 보고 사랑에 빠지는 경우는 드물다. 젊은이라면 좋은 얘기를 듣고 소개팅에 나갔다가 실망해 본 경험이 있을 것이다. 어떤 이는 첫눈에 호감이 생기기도 하고 어떤 이는 처음부터 이상하게 끌리지 않는다.

관상만으로 사람을 채용하는 것은 위험하다. 첫인상은 좋았는데 시간이 지나면서 그렇지 않은 사람이 많기 때문이다. 하지만 살다 보면 관상을 무시할 수는 없다. 첫 만남에서 스파크가 튀는 사람이 분명 있고 그 느낌이 맞는 경우도 많기 때문이다. 필자는 개인적으로 관상에 높은 비중을 두는 편이다. 아마 앞으로도 그럴 것 같다. 채용에서 관상을 무시하는 것은 불가능하다.

사람을 제대로 보는 안목을 '지인지감知人之鑑'이라고 한다. 채용의 고수란 지인지감이 발달한 사람을 말한다.

사주명리학자 조용헌은 지인지감에 대해 이렇게 말한다.

"인사人事가 만사萬事라고 한다. 이익을 추구하는 기업도 그렇지만, 이익을 조정해야 하는 정치도 어떤 사람을 기용하느냐에 따라 그 성패가 갈라진다. 한자문화권에 '지인지감'이라는 표현이 있다. 지인지감이란 '사람을 볼 줄 아는 안목'을 일컫는다. 『삼국지』에 보면 사마휘가 그런 능력이 탁월한 인물로 묘사되어 있다. 사마휘는 유비에게 제갈공명을 적극 추천한다. 공명을 주나라 800년의 기반을 닦은 인물 강태공과 한나라 400년 역사의 창업에 큰 힘이 된 장량과 비견할 수 있는 인재로 높이 평가했다. 신입 사원 면접을 볼 때는 흔히 그 사람의 눈을 먼저 본다. 남자 관상의 핵심은 눈이다. 흰자위가 맑고 흰색이면 일단 건강이 좋다고 판단한다. 검정 동자는 총기를 말해 주는 부분이다. 검정 동자가 반짝반짝 빛이 나면 총기가 있다고 본다. 미국의 CIA 신입 사원 채용에서는 서류심사를 거친 다음에는 인터뷰가 주된 방법이다. 간부들이 돌아가면서 무려 5~6번의 다단계 인터뷰를 실시한다. 마지막에는 거짓말 탐지기까지 갖다 놓고 한다고 들었다. 지인지감의 방법은 1 서류심사, 2 경력 체크, 3 인터뷰, 4 관상의 순서이다."

노재현 중앙일보 논설위원은 '사람 알아보는 것'을 논하면서 대원군 시절의 박유붕 이야기를 전한다.

군왕에게 가장 필요한 자질은 용인用人 능력이고, 신하가 갖춰야 할 자질은 용사用事다. 군왕은 자질구레한 일을 할 필요가 없다. 적재적소에 사람을 잘 골라 쓰면 된다. 신하는 맡은 일을 잘할 수 있어야 한다.

구한말 대원군이 정권을 잡은 뒤 가장 고심한 것도 사람을 판별하는 일이었다. 매일 구름처럼 몰려드는 사람들 가운데 옥석을 어떻게 구분할 것인가? 이때 대원군이 고용한 책사가 박유붕이란 인물이다.

박유붕의 주특기는 바로 지인지감이다. 그는 관상의 대가였다. 그가 하는 일은 대원군 옆에 앉아서 내방객들의 얼굴과 행동거지를 보고, 성격과 주특기를 판별해 주는 것이었다. 그는 서울 운현궁에 갔다가 마당에서 제기를 차며 놀고 있던 명복命福의 관상을 보고 앞으로 왕이 될 것을 예언했고, 이 예언은 들어맞았다. 명복 도련님이 고종으로 등극할 무렵부터 대원군은 박유붕이 다른 데 가지 못하도록 운현궁에 붙들어놓았다. 관상에서 눈이 차지하는 비중은 압도적이다. 눈은 겉으로 드러난 두뇌라는 말도 있다. 눈을 보면 그 사람에 대해 어느 정도는 알 수 있다. 눈을 제대로 마주치지 못하는 사람은 뭔가를 숨기고 있는 것이다. 그렇기 때문에 사람을 파악할 때 눈의 역할은 지대하다.

무엇보다 제대로 된 사람을 채용하기 위해서는 채용하는 사람 스스로 그러한 자격이 있어야 한다. 제대로 된 사람만이 제대로 된 사람을 알아볼 수 있고 채용할 수 있다. 그런 면에서 정진홍 중앙일보 논설위원의 말은 새겨들을 만하다.

"사람 보는 눈을 키우려면 우선 마음이 맑아야 한다. 의심과 협잡의 마음을 가지고 아무리 사람을 본다 한들 뿌옇게 성에 낀 듯 보이지 않는다. 하지만 맑은 마음의 눈으로 보면 그 사람이 보인다. 변별력이 생기는 것이다. 결국 사람 보는 눈을 갖는 것이 모든 일의 열쇠다. 사람 보는 눈이 시원치 않으면 매사가 어렵지만, 사람 보는 눈이 시원하면 만사가 형통이다."

경영을 잘한다는 것은 지인지감이 발달했다는 의미다. 경영 능력을 키운다는 말은 그러므로 지인지감을 높인다는 말이다. 뭔가 일이 계속 꼬인다면 사람 보는 눈이 부족하기 때문일 가능성이 높다. 지인지감은 경영인의 영원한 화두다.

생 각 해 보 기

☑ 당신의 지인지감 능력은 어느 수준인가?

☑ 그렇게 생각하는 근거는 무엇인가?

☑ 사람을 처음 볼 때 어디에 비중을 가장 많이 두는가?

☑ 첫인상은 좋았지만 잘못 채용한 경험은? 반대로 첫인상은 별로였지만 제대로 채용한 경험은?

☑ 그 과정을 통해 배운 것은 무엇인가?

끊임없이
관찰하라
탁월한 채용의 제2 스킬

1993년 세계 최대의 컴퓨터회사 IBM은 부도 직전까지 몰린다. 이 위기에 구원투수로 등장한 사람은 식품회사인 RJR 나비스코 출신의 루 거스너이다. 과자회사 출신에 컴맹인 그는 IBM을 위기에서 멋지게 구원한다. 도대체 누가 이 사람을 채용한 것일까?

바로 세계적인 헤드헌팅업체 하이드릭앤스트러글인터내셔널의 CEO 게리 로셰이다. 그는 어느 날 골프장에서 루 거스너를 본다. 그날은 갑자기 천둥 번개가 쳐 모두가 안절부절못하는데 루 거스너만 태연히 앉아 있었던 것이다.

게리 로셰는 천둥 번개에도 끄덕 없는 대담한 성격이라면 수렁에 빠진 IBM을 구할 수 있으리라고 판단했고 그의 예상은 들어맞았다.

히딩크는 무명의 박지성을 발견한 것으로 유명한데, 이것 역시 예리한 관찰의 결과이다. 명문대 출신이 아니지만 무한한 잠재력이 있음을 발견하고 박지성을 곧바로 영입했다. 히딩크는 늘 관찰하고 측정하고 기록했다. 선수들의 강점과 약점도 관찰을 통해 발견했다. 그 결과 이영표와 김태영은 발목, 송종국은 허리, 고종수는 발목과 무릎이 약하다는 것을 알았고 보강 훈련에 집중하게 했다.

다치면 그냥 쉬게 하는 한국의 재활 프로그램의 문제점도 발견했다. 다치면 마냥 쉬는 것보다 움직이는 게 재활에 효과적이다. 물리치료사 아노 필립은 선수가 다치면 처음부터 다친 부위를 힘껏 주무른다. 어느 부위를 얼마나 다쳤는지 정확하게 파악하기 위해서다. 그러니 선수들이 치료를 받으러 왔다가 자지러지기 일쑤였다. 예를 들어, 통증 정도를 1에서 10까지 나눈다. 첫날 통증 10, 이튿날 통증 8… 이런 식으로 관찰하면 부상회복 속도를 파악할 수 있다. 그래야 부상선수가 언제 뛸 수 있는지 예측할 수 있고 그에 맞추어 계획성 있게 훈련을 할 수 있다.

사람에 대한 판단력을 높이려면 매일, 매주, 매월 시간과 노력을 쏟아 관찰해야 한다. 무엇이 그 사람의 행동에 영향을 주는지, 좋아하는 일이 무엇인지, 어떻게 사고하는지, 주윗사람들에게 어떻게 행동하는지 등 폭넓은 측면에서 관찰해야 한다.

측은지심을 파악하는 데도 관찰은 중요하다. 길거리에서 전단지를 나누어줄 때 어떤 반응을 보이느냐를 보고 사람을 평가하는 분도 있다. 매몰차게 내치는 사람은 인간에 대한 존중심이 없다고 판단한다. 술 마시면서 늦게까지 운전기사를 기다리게 하는 사람도 좋게 생각하지 않는다. 자기는 놀면서 운전기사를 어떻게 기다리게 하느냐는 것이다. 별것 아닌 것 같지만 예리한 관찰이 아닐 수 없다.

나는 존경하는 사람이 없다는 사람을 조심한다. 그런 사람은 늘 부정적인 면만을 볼 가능성이 높기 때문이다. 부모와 사이가 나쁜 사람도 조심한다. 특별한 이유 없이 나이 든 사람과 갈등을 빚을 개연성이 높기 때문이다. 늘 뭔가를 해야만 직성이 풀리고, 쉬는 것을 죄악시하는 사람도 조심한다. 정신적으로 건강하지 않다고 생각하기 때문이다. 착한 사람이라는 얘기를 듣는 사람도 신뢰하지 않는 편이다. 그런 사람들은 물에 물 탄 듯, 술에 술 탄 듯 주관이 없는 경우가 많기 때문이다. 이보다는 오히려 다소 반항적이더라도 자기 의견이 있는 사람이 좋다.

채용은 사람의 본성을 살피는 행위이고 그 핵심은 바로 관찰이다. 여러 상황에 노출시킨 뒤 반응이나 태도를 관찰하는 것이 중요하다. 같이 운동을 해보고 술도 마셔보면 그 사람에 대해 훨씬 많은 것을 알 수 있다. 카드 게임을 해보는 것도 좋다. 게임에서 이겼을 때 혹은 졌을 때 그 사람의 행동을 보라. 권한이나 돈을 가졌을 때의 반응, 혼자 있을 때 무엇을 하는지, 자신에게 아무 도움이 되지 않는 사람을 어떻게 대접하는지, 어떤 사람을 미워하는지도 중요한 정보를 제공한다. 일부러 화나는 상황을 연출하는 것도 방법이다. 식당에서 종업원이 일부러 물을 쏟게 하고 반응을 살펴보는 것도 방법이다.

아무리 평가 기준이 정교해도 신이 부여한 재능과 능력을 제대로 파악한다는 것은 결코 쉽지 않다. 사람은 개별 항목의 집합체로서 쉽게 분석되는 존재가 아니다. 특히 그 사람의 열정과 진정한 잠재력이 드러나지 않을 경우, 평가 프로세스는 더욱 불완전해진다. 따라서 더욱 예리한 관찰력이 요구되는 것이다. 더군다나 조직을 이끌어갈 리더감을 구하는 일이라면 전인적 관점에서 오랜 기간에 걸쳐 다양한 상황에서 지켜보아야 한다.

생 각 해 보 기

☑ 사람을 판단할 때 나는 주로 어떤 측면을 관찰하는가?

☑ 그 이유는?

☑ 혹시 간과하고 있던 점이 있다면?

☑ 간과하고 있던 점을 파악하려면 어떻게 관찰하는 것이 좋을까?

☑ 직원들을 관찰하면서 기억나는 사건이 있다면?

언제나, 어디서나
채용하라

■ 탁월한 채용의 제3 스킬

비슷한 것들끼리 모여 있으면 바이러스가 돌 때 전멸할 수 있다. 그래서 생물들은 본능적으로 유성생식을 한다. 다른 것들과 자꾸 섞임으로써 생존력을 높인다. 그래서 잡종강세라는 말이 생겼다.

조직도 마찬가지다. 같은 고향, 같은 대학, 같은 전공의 동창생들끼리 회사를 만들었다고 생각해 보라. 별 볼 일 없다. 가장 취약한 조직은 비슷한 사람들만 모아 만든 조직이다.

가장 강력한 아이디어는 다른 사람들이 생각조차 하지 못했던 두 개의 기존 아이디어를 결합하는 데서 나온다. 니콜라스 네그라폰테 MIT 교수는 이렇게 말한다.

"기술적인 난관에 부딪쳤을 때도 엔지니어와는 거리가 먼 사람이 해결하는 경우가 종종 있다. 이는 사물을 보는 시각이 IQ보다 더욱 중요하기 때문이다. 이러한 능력은 다양한 배경, 여러 전문 분야를 아우르는 생각, 폭넓은 경험의 스펙트럼을 가진 사람들에게서 발견된다."

인사도 예외는 아니다. 기업의 생존조건 중 하나는 다양성 확보다. 지역, 전공, 생각이 다양한 사람들이 모여야 유연한 생각, 새로운 시각을 갖고 미래에 대비할 수 있다. 그래서 모토롤라 같은 회사는 최고다양성경영자CDO, Chief Diversity Officer를 두고 있다. 다른 기업들도 다양한 사람을 채용하기 위해 많은 애를 쓰고 있다. 모건 스탠리와 메릴 린치는 준법경영관리 담당으로 철학 전공자를 채용한다. 시티그룹은 대졸 신입 사원의 50퍼센트를 비경영학도로 채운다. VIP 서비스를 위해 예술 전공자를 채용하기도 한다. 이처럼 요즘 기업들은 다양한 지식과 경험을 갖춘 인재를 채용한다. 이유는 크게 다르지 않다.

첫째, 고객들이 느끼는 가치의 원천이 다양해졌기 때문이다. 그래서 예술적 감수성을 가진 인재와 예술학 석사MFA: Master of Fine Arts의 인기가 급상승하고 있다.

둘째, 다양한 문제가 다양한 곳에서 발생하기 때문이다. 이를 위해 다양한 백그라운드와 국적을 가진 인재들을 활용하려 한다. 로레알은 86개국 출신으로 구성된 5만 명의 직원을 갖고 있다. 이들은 국적과 인종을 초월해 현지에서 활발한 영업활동을 전개한다. 시스코는 공학박사, 금융MBA, 반도체 전문가들로 구성된 비즈니스 개발 그룹을 갖고 있고, 이들을 통해 수많은 기업을 성공적으로 흡수합병하고 있다. 이들은 복합적인 기술과 경험을 바탕으로 조직의 문제 해결에 적극 기여한다.

셋째, 차별화된 시각과 창의성에 필수적이기 때문이다. IBM은 다양성 관리팀이 있다. 이들은 서로 다른 출신 지역, 전공 분야를 대표하는 20명이 한 팀을 이룬다. 사내 획일화와 파벌주의 방지가 이들의 임무이다. 다양성을 갖춘 조직만이 새로운 시각을 가지고 창의성과 조직혁신 능력을 향상시킬 수 있다. GE는 컨설팅 회사, 회계법인, 군대, 그리고 다른 분야에서 매년 100명 이상의 사람들을 사업개발, 감사, 그리고 과도기 업무에 끌어들인다.

조직의 문제 해결력과 창의성을 높이려면 무엇보다 다양한 인재 풀을 이용하는 것이 좋다. 가장 좋은 것은 전공 불문이다. 전국 대학생 판매 경진 대회를 활용하는 기업도 있다. 군대 같은 새로운 채널을 창조적으로 개발하는 것도 방법이다. 직원의 친구와 그의 동료, 제안을 거절한 후보자, 어떤 업무에는 적합하지 않아도 다른 업무에는 훌륭한 성과를 보일 직원, 당신 회사를 떠난 유능한 직원 등을 다시 생각하라.

모 전자회사 임원은 죽은 사람을 염하는 경력을 가진 사람을 판매사원으로 채용했다. 지원자가 이런 얘기를 했기 때문이다. "전 죽은 사람도 기쁜 마음으로 만났던 사람입니다. 하물며 살아 있는 사람을 상대하는 게 뭐 그리 어렵겠습니까?" 예상대로 그는 최고의 영업사원이 되었다.

포로수용소에서 두 번이나 탈출했던 사람을 뽑은 회사도 있다. 극한 상황에서 살아난 사람이라면 어디에 갔다 놓아도 살아날 수 있다고 판단했기 때문이다. 음식점에서 친절하게 서빙하던 사람을 고객 접점에 배치해 성공한 곳도 있다. 아이들과 잘 노는 유치원 교사를 채용해 재미를 본 사람도 있다. 하청업체 사람을 채용한 사람도 있다. 자주 가던 술집 종업원을 채용해 성공을 거둔 사례도 있다.

웅진그룹 초창기에 윤석금 회장은 운동권 출신을 뽑아 큰 성과를 거두었다. 당시 운동권 출신 가운데는 머리는 좋지만 중간에 퇴학을 당해 취직이 어려운 사람이 많았는데, 윤 회장은 이 사실에 주목해 좋은 인재를 쉽게 채용할 수 있었다.

과거에 회사들은 특수한 일에 꼭 맞는 경력자를 찾았다. 이는 마치 둥근 구멍에 맞는 둥근 말뚝을 찾는 것과 같다. 불확실성이 높아지고 인재전쟁이 계속되면서 더 이상 그런 인재를 찾기도 어려울뿐더러 그럴 필요도 없어졌다. 다양한 인재 풀을 갖추어야 살아남는 세상이 된 것이다.

생 각 해 보 기

☑ 기회 있을 때마다 후보자를 찾고 있는가?

☑ 공급선이나 고객을 만날 때마다 신입 사원을 찾고 있는가?

☑ 각종 콘퍼런스나 동업조합회의를 인재 탐색의 기회로 이용하고 있는가?

☑ 장래에 고용할 만한 사람들의 경력사항을 주의 깊게 관찰하고 있는가?

☑ 뜻밖의 곳에서 인재를 건진 기억이 있는가?

나보다 나은 사람을
채용하라
탁월한 채용의 제4 스킬

 도요타 간판방식Just in Time은 낭비를 없애는 최선의 방식이다. 미리 주문해 놓는 것, 미리 만드는 것, 쌓아놓는 것을 죄악시한다. 그때그때 필요한 만큼만 발주하고 제작한다.

하지만 이런 방식은 인사에서는 통하지 않는다. 사람이라는 존재는 필요할 때 바로 나타나지도 않고 설혹 나타났다 해도 이 사람이 제대로 실력을 발휘하는 데는 시간이 걸린다. 필요 시점과 구하는 시점 사이에 갭이 있게 마련이다. 오늘 갑자기 농구 선수 한 명이 필요한데 때마침 마이클 조든이 자기 팀을 벗어나 우리 조직에 오는 일은 있을 수 없다.

그렇기 때문에 채용은 미리미리 해야 한다. 떠나는 사람도 미리미리 조직에 알려서 준비하게 해야 한다. 기회가 있을 때마다 고용을 해야 한다. 3가지 방법이 있다.

첫째, 적합한 후보자를 파악한 뒤 해당 직무에 공석이 생길 때까지 지속적으로 연락을 취한다.

둘째, 현재 특정 직위에 공석이 없다 하더라도 일단 그 직위를 염두에 두고 후보자를 고용한다.

셋째, 중간관리자와 임원으로 고용될 직원들에게 알맞은 직무를 만들어내거나 준비해 둔다.

'브레인 드레인 인덱스Brain Drain Index'란 것이 있다. 두뇌들의 유출 성향을 나타낸 지수다. 숫자가 높을수록 남아 있으려는 경향이 강하다. 지수가 10이면 전부 국내에 남아 있으려 하는 것이고 1이면 다 떠나려고 하는 것을 의미한다. 미국은 8.55, 일본은 6.83, 대만은 5.09, 한국은 4.11이다. 즉 한국의 두뇌들은 여차하면 외국으로 나갈 생각을 하고 미국의 인재들은 웬만하면 미국에 남아 있으려 한다는 말이다. 이를 조직에 대입하면 어떤 결과가 나타날까? 여러분 조직은 어떤가?

나이트클럽의 영업에는 '물관리'가 중요하다. 사람들은 들어와서 물 상태를 보고 또 올 것인지를 바로 결정한다. 물이 좋으면 친구들을 데리고 다시 오지만 물이 나쁘면 다시는 걸음을 하지 않는다. 기업도 그렇다. 급여와 근무환경도 중요하지만 가장 중요한 것은 물이다. 우수하고 괜찮은 직원이 많으면 다른 조건이 좀 떨어지더라도 계속 다니려 하지만, 다른 조건이 좋아도 물이 좋지 않으면 직원들은 떠나려 한다.

인사의 핵심 중 하나는 바로 괜찮은 사람들을 채용해 물을 좋게 하는 것이다. 좋은 사람은 또 다른 좋은 사람을 끌어들인다. 계속 좋아진다. 나쁜 사람은 좋은 사람을 쫓아낸다. 악화가 양화를 구축하는 것이다. 물이 계속 나빠지면 조직은 무너진다.

일류대학은 교수만 일류인 것이 아니다. 일류대학이 일류인 것은 학생이 일류이기 때문이다. 그곳에 가면 일류들과 어울리면서 자신도 일류가 된다는 것을 사람들은 안다. 기업도 그렇다. 일류회사에는 일류선수가 모인다. 별다른 노력을 하지 않아도 알아서 모인다. 삼류회사에는 일류선수가 가지 않는다. 삼류회사가 일류회사가 되기 위해서는 뽑는 사람보다 나은 사람을 채용해야 한다.

하지만 쉬운 일이 아니다. 뒤떨어진 사람일수록 본능적으로 자신보다 못한 사람들을 채용하는 경향이 있다. "뛰어난 사람들은 그들보다 약간 못한 사람들을 고용하고, 좀 못한 사람들은 자기들보다 훨씬 더 못한 사람들을 고용하는 경향이 있다. 즉 A는 A⁻를 고용하고, A⁻는 B를 고용하고, B는 C를 고용한다." 이른바 '해리의 법칙Harry' s Rule이다. 일류회사가 되기 위해서는 해리의 법칙을 무 뜨려야 한다.

위나라 무후는 회의만 마치고 나면 우쭐해했다. 모든 신하들이 자기 말에 동의하고 자기가 하자는 대로 끌려왔기 때문이다. 그럴 때 오기는 한숨을 쉬었다. 무후가 이유를 묻자 그는 이렇게 말했다.

"초 장왕은 그런 날은 밥도 먹지 않았습니다. 어떻게 조정에 내 논리를 이길 신하가 하나도 없느냐고 말입니다. 자기보다 못한 사람만 있으니 이 나라가 어찌 될 것인지 늘 한숨을 쉬었다고 합니다."

여러분 조직은 어떤가? 상사 한마디에 부하들이 입도 벙긋 못 하는가? 그럴 때 의기양양한가? 그렇다면 당신 회사는 망할 날이 얼마 남지 않았다.

이나모리 가즈오 교세라 회장은 "중소기업인들은 늘 훌륭한 인재를 확보하기 어렵다고 하는데, 좋은 방법은 없을까요?"라는 물음에 이렇게 대답했다.

"중소기업에 인재가 오지 않는 가장 큰 이유는 중소기업 사장 본인이 우수한 인재가 아니기 때문입니다. 사장보다 우수한 인재는 오려고 하지 않을 것이기 때문입니다. 결국 중소기업 시절에는 거기에 맞는 인재를 모을 수밖에 없습니다. 중소기업에 맞는 인재라도 사장은 그들과 하나가 되어 같이 공부하면서 그들을 우수한 인재로 키워야 합니다."

채용에서 가장 큰 위험은 자신보다 못한 사람을 채용하는 것이다. 철강왕 앤드류 카네기가 위대한 것은 자신보다 훌륭하고 똑똑한 사람을 쓸 줄 알았기 때문이다. 그의 성공비결은 인재를 발굴하고, 능력을 최대한 활용하는 것이었다. 혼다 소이치로 혼다 창업자도 비슷한 얘기를 했다. "당신이 상대하기 쉬운 사람들만 채용한다면 회사에는 당신보다 나은 사람이 아무도 없게 된다. 당신이 별로 좋아하지 않는 사람들 가운데 능력 있는 사람을 발견할 때도 많다."

광고계의 거인 오길비도 비슷한 말을 했다.

"언제나 당신보다 못난 사람만 뽑는다면 당신 회사는 난쟁이 회사가될 것이다. 반대로, 언제나 당신보다 나은 사람을 뽑는다면 거인 회사가될 것이다. 당신보다 뛰어난 사람을 찾게 되면, 바로 그를 채용하라. 필요하다면 더 많은 돈을 주어라."

서둘러라. 당신보다 괜찮은 사람을 미리미리 채용하기 위해서.

생 각 해 보 기

- ☑ 사람을 미리미리 뽑는가, 아니면 필요할 때 뽑는가?

- ☑ 직원 중 당신보다 괜찮은 사람이 얼마나 있는가?

- ☑ 당신보다 나은 사람을 어떻게 대하고 있는가?

- ☑ 고만고만한 사람들 사이에서 우쭐거리고 있지는 않는가?

- ☑ 당신보다 괜찮은 사람을 뽑기 위해 어떤 노력을 하고 있는가?

장기이식의 성공률을
높이려면?
탁월한 채용의 제5 스킬

주기적으로 외부에서 임원을 데리고 오는 것은 거스를 수 없는 기업의 트렌드다. 문제는 이에 대한 생각이다. 외부 채용을 내부인력에 대한 배신으로 생각하는 사람이 있기 때문이다.

하지만 그렇지 않다. 새로 영입된 사람들은 조직에 새로운 태도, 시각, 아이디어를 제공한다. 건강한 자극을 줌으로써 조직을 발전시킨다. 10~20퍼센트의 외부인을 영입하는 것은 내부인력을 위한 자리를 조금 줄이기는 해도 현저히 감소시키지는 않는다. 오히려 일류리더를 데려옴으로써 역할모델을 제공할 수 있다. 회사의 유전자 풀도 강화할 수 있다. GE는 매년 500개의 상위자리에 생기는 75개의 공석 중 20퍼센트를 외부인으로 채운다. 중요한 것은 이들이 새로운 곳에서 뿌리를 내릴 수 있게 도와주는 일이다.

하지만 통계를 보면 외부인사 영입의 실패율은 30퍼센트에 이른다. 어떻게 하면 성공률이 높아질까?

첫째, 채용 시 문화적 적합성을 심사해야 한다. 또 사전에 조직문화에 대해 명확히 인지시켜야 한다. 군수무기를 제조 판매하는 회사에서 소령 출신을 영입했다. 한 달 후 그분을 만났는데 불만이 하늘을 찌른다.

"도대체 일을 할 수가 없어요. 군에서는 내 말 한마디면 모든 일이 일사천리로 진행되었는데 이놈의 조직에서는 도대체 가르쳐주는 사람도 없고, 말을 해도 씨알이 먹히지 않네요. 이럴 줄 알았으면 오는 것이 아니었는데…."

채용 때 이런 문화적 차이를 설명하고, 마음의 준비를 시켰다면 실망감은 훨씬 줄었을 것이다.

둘째, 새로 온 인재에게 사려 깊은 동화 과정을 제공해야 한다. 무엇보다 잘 왔다는 느낌을 받게끔 자리를 마련하는 것이 좋다. 모 재벌기업 회장은 새로 사장을 영입한 후 그를 위해 성대한 만찬을 준비했다. 만찬 프로세스는 치밀했다. 우선 회장이 왜 이분을 모시게 되었는지 설명하고 이어 신임 CEO에 관한 영상물을 틀었다. 본인도 모르는 영상물이다. 내용 1부는 그분의 성장에 관한 것이다. 고향은 어디고, 학교는 어디고, 군대 시절의 사진까지 실려 있었다. 2부는 직장 경력에 관한 것이다. 첫 직장은 어디고 거기서 무엇을 했는지, 이전 직장에서는 어떤 성과를 올렸는지 자세히 보여주었다. 새로운 사업을 어떻게 펼쳤고, 망해가는 사업부를 어떻게 살렸고…. 이어 주인공의 인사말 시간이 되었다. 전혀 예상치 못한 환대에 신임 CEO는 감격했다.

"이전 직장을 끝으로 은퇴를 생각했었습니다. 회장님의 간청으로 오기로 했지만, 문화가 다른 곳에서 제대로 적응할 수 있을까, 괜한 결정은 아닌가, 사실 걱정이 많았습니다. 그런데 오늘 이런 자리를 마련해 주신 것을 보고 오기를 참 잘했다는 생각을 했습니다. 앞으로 여러분들과 새로운 역사를 만들어가겠습니다."

많은 기업들이 인재를 영입하는 데까지는 열심히 한다. 하지만 일단 온 다음에는 무신경한 경우가 종종 있다. 제대로 소개도 안 하고, 명함도 안 만들어놓고, 사무실에 사무용품도 없고, 점심시간에 같이 밥 먹을 사람이 없어 며칠이나 혼자 먹기도 하고 굶기도 한다. 그러면 새로 온 사람은 당황하게 된다. 잘못 온 것 같다는 생각이 든다. 게다가 내부 인원들은 아무래도 그를 경쟁자로 여길 수 있다. 굴러온 돌이 박힌 돌을 빼내는 것은 아닌가 걱정할 수 있다. 새로 온 사람을 챙기는 일은 내 일이 아니라고 생각한다. 이래저래 새로 온 사람은 조직에 적응하기가 힘들어진다. 인재는 기회비용이 높다. 마음만 먹으면 오늘 퇴근이 바로 퇴직이 될 수 있다.

셋째, 인재를 보호해야 한다. 밖에서 날고 기던 사람도 새로 들어오면 신입 사원과 다를 바 없다. 화장실 위치도 모르고, 어디서 밥을 먹어야 할지도 모른다. 특히 스카우트 되어 온 인재들은 시기와 질투의 대상이 될 가능성이 높다.

유비는 그것을 잘 알았던 사람이다. 제갈공명은 유비보다 스무 살이 어린 서생이었다. 아들뻘인 사람을 유비가 스승이랍시고 깍듯이 모시자 관우와 장비는 노골적으로 불만을 드러냈다. 그러자 유비는 이렇게 말했다.

"내가 공명을 얻은 것은 고기가 물을 얻은 것과 같으니 더 이상 여기에 대해서는 말하지 마라."

이렇게 철저하게 보호를 했기 때문에 공명이 자기 역할을 다할 수 있었던 것이다.

넷째, 힘을 실어줘야 한다. 1980년대 삼성전자에서는 밖에서 온 사람에 대한 텃세가 대단했다. 그러자 이건희 회장은 미국에서 영입한 반도체 전문가의 연봉을 CEO보다 높게 책정해 버렸다. 이 회장은 인재들이 '뜰' 수 있도록 조직 분위기를 만들고, 힘을 실어줄 때는 과감히 실어준다.

이 회장의 인재 키우기 방법 중 또 하나는 과감한 보상이다. 사실 삼성은 내부경쟁이 매우 치열한 조직이다. 이는 1등에 대한 엄청난 보상, '남들만큼만 해서는 안 된다, 남보다 더 잘해야 한다'는 생각을 끊임없이 갖게 만드는 조직문화의 산물이다. 임원 승진은 '하늘의 별 따기'처럼 경쟁이 치열하지만 일단 임원만 되면 확실한 대우를 해준다.

학벌, 지연은 절대 따지지 못하게 한다. 삼성에서는 동창회, 향우회 결성이 불가하다. 또 패자 부활전을 강조한다. 수년 전, 이 회장은 사장들을 모아놓고 종합비타민제를 나누어주며 이렇게 말했다.

"여러분 중 회사에 수백억 손해 끼친 분들도 있습니다. 그런데 그런 분들이 몸이 아프면 제가 손해입니다. 실패한 경험에서 많이 배웠을 테니 이제 약 잘 먹고 건강관리 잘해서 실패를 만회해 주세요."

다섯째, 신규 영입자의 소프트랜딩을 돕는 프로그램을 만들어 운영해야 한다. 글로벌 기업 중에는 웰컴 프로세스를 공식화한 회사가 많다. 신입 직원이 오기 며칠 전 책상을 준비하고, 이틀 전에는 명함을 준비하고, 당일에는 전 부서를 돌며 인사를 시키고, 한 달 후에는 상사와 면담 시간을 마련해 애로사항을 듣게 하고… 이런 치밀한 프로세스를 통해 신입 직원이 회사에 마음을 붙이도록 하는 것이다.

더 리미티드는 '온보드On Board'라는 프로그램을 갖고 있다. 새로 임원으로 채용된 사람은 두 달 동안 이 프로그램에 참여한다. 상위 30명의 경영진을 일일이 만나서 전략, 성과, 그리고 도전에 관한 그들의 생각을 듣는다. 다른 사업단위에서 같은 직무를 수행하는 동료를 그림자처럼 붙어다니면서 관찰할 기회를 갖는다. 회사의 역사를 이해할 수 있도록 중요한 연설, 발표내용, 기사를 제공받는다. 각종 용어와 유행어에 대한 지도도 받는다. 그런 다음 점포, 유통센터, 디자인 사무실에서 며칠을 보내고 이 경험을 바탕으로 자신이 배운 것과 그 분야를 향상시키기 위한 제안을 중심으로 보고서를 쓴다.

시스코시스템스는 신바람 나는 직장 분위기를 만들기 위해 노력한다. 직원들의 자율권을 최대한 보장하고 창의력을 가로막는 요소를 제거해 나간다. 회사를 방문한 한 기자는 "직원들이 여러 면에서 특이하다. 무엇이 그렇게 좋은지 다들 웃음을 잃지 않는다"고 소감을 말했다. "일하는 것이 너무 재미있어 일에 중독된 느낌이다"라고 말하는 직원도 있고, "각자 생산성을 보고 스스로도 놀란다. 필요하면 밤을 새워서라도 일할 수 있다"고 말하는 직원도 있다. 최고의 직장에 다닌다는 자부심, 스톡옵션을 통해 큰돈을 벌 수 있다는 확신이 엿보인다. 그들은 주가에도 관심이 높다. 열심히 일하면 주가가 올라가고 일을 하지 않으면 주가가 떨어진다는 사실을 잘 알고 있다. 입사자 중 60퍼센트는 이미 친구가 이곳에서 근무하고 있다. 소개한 사람은 일정액을 받으며 다양한 경품도 탈 수 있다.

채용뿐 아니라 환영에도 신경을 쓴다. 신입 사원에게는 첫날이 가장 중요하다. 잘 안착을 해야 짧은 시간 내에 자신의 능력을 발휘할 수 있다. '조기 적응 프로그램Fast Start Program'도 있다. 각 부서는 신입 사원이 출근하기 전 미리 만반의 준비를 갖춘다. 첫날부터 편하게 일할 수 있는 환경을 만들어준다. 또 직원을 한 명 배정해 회사에 관한 모든 사항을 알려준다. 그리고 일정 기간이 지난 후 상사와 면담할 수 있게 한다.

시대가 급변하면서 외부 인사 영입은 피할 수 없는 일이 되었다. 새 사업부를 만들 때 내부에 인재가 없으면 외부에서 데려와야 한다. 하지만 외부 인사를 정착시키는 것은 간단한 일이 아니다. 정착하지 못하는 경우도 있고, 정착은 했지만 제대로 성과를 내지 못하는 경우도 있다. 외부인을 채용하는 것은 장기이식과 같다. 초반에 신경을 많이 써야 한다. 그렇지 않으면 부작용으로 고생을 피할 수 없다.

생 각 해 보 기

☑   외부에서 온 사람을 위해 어떤 프로그램을 운영하고 있는가?

☑   그들이 왕따를 당하거나 적응을 못 하지는 않는가?

☑   그것을 어떻게 알 수 있는가?

☑   소프트랜딩을 위해 어떤 일을 하고 있는가?

☑   주기적으로 그들의 얘기를 듣고 있는가?

천천히, 깐깐하게
채용하라
탁월한 채용의 제6 스킬

결혼에 이르는 길은 참 복잡하고 준비할 것도 많다. 연애하는 동안 상대를 파악하는 것은 기본이다. 다음은 가족끼리의 결합이다. 양가부모 상견례를 시작으로 일가친척들에게 인사를 다닌다. 날짜를 정하고 살 집과 혼수, 살림살이 준비도 만만치 않은 일이다. 청첩장을 보내고 주례도 부탁한다. 사진도 찍고 비디오도 찍는다. 축가 부를 사람, 사회 볼 사람도 섭외해야 한다. 필자의 한 후배는 당일 주례 선생이 펑크를 내는 바람에 난처한 상황을 겪기도 했다. 미리 확인을 한다는 것이 정신이 없어 놓치고 만 것이다.

결혼이 이렇게 복잡할 필요가 있느냐고 하자 한 지인이 이렇게 답했다. "결혼식이 간단하고 쉬우면 또다시 결혼을 하려고 하거든. 하지만 결혼식을 복잡하게 만들면 다시는 결혼할 생각을 안 하지." 웃자고 한 얘기지만 일리가 있다는 생각이다.

채용도 그렇다. 채용을 너무 쉽게 하면 그만두는 것도 쉽다. 서로를 제대로 알지 못해서일 수도 있고 기대치가 달라서일 수도 있다. 그렇기 때문에 확인할 것은 신중하게 다 확인해야 한다. 그런 의미에서 '채용은 천천히, 해고는 신속히'는 경영자들이 늘 기억해야 할 화두다. 왜 그럴까?

채용은 비용이기 때문이다. 채용은 회사의 가장 중요한 자산을 취득하는 행위다. 설비를 구매하고 공장을 짓는 것보다 중요한 일이다. 채용은 회사의 경쟁력을 좌우하는 행위다. 채용이란 고객을 획득할 가장 중요한 무기를 확보하는 일이다. 우수 인재가 경쟁사로 옮기면 가장 위험한 일이 발생한다. 서둘러 대충 하는 채용은 충동구매와 같다. 충동구매의 결과는 후회뿐이다.

충동구매를 방지하는 길은 채용으로 인한 비용을 기억하는 것이다. 삼성경제연구소의 한 연구원이 한 말이다.

"신입 사원 채용 실패율은 20퍼센트가 넘는다. 채용에는 직접비용과 간접비용이 든다. 모집공고, 서류전형, 인성 및 적성검사, 면접시험, 신입 사원 오리엔테이션 같은 직접비용을 먼저 계산해야 한다. 채용한 인재들이 조직에 기여하는 데는 시간이 걸린다. 평균 6.2개월이다. 이 안에 회사를 떠난다면 비용만 축내는 꼴이다. 하지만 보통 40퍼센트는 적응 실패로 18개월 내에 퇴사한다. 채용과 교육비용, 급여와 퇴직금, 신규 채용과 기회비용을 감안하면 엄청난 비용만 쓰는 것이다."

잘못 채용하면 그 사람 연봉의 3~5배의 손실을 본다. 잘못된 채용으로 인한 경제적 손실을 정리하면 이렇다.

첫째, 직무를 배우는 동안 들어가는 비용이다. 회사에 별다른 도움이 되지 않는다. 생산성이 낮은 데다 다른 사람의 생산성을 떨어뜨리기도 한다.

둘째, 낮은 생산성이다. 마음이 떠나면 몸도 떠난다. 일단 회사를 그만두겠다고 마음먹으면 일을 제대로 하지 않는다. 전화통을 붙잡고 온갖 개인적인 일을 본다. 이곳저곳 인터뷰를 하러 다니고 밖에서 회사를 비방하기도 한다. 멀쩡히 일 잘하는 동료들의 마음까지 흔들어 놓는다.

셋째, 후임자를 채용하는 데 들어가는 비용이다.

사이프러스반도체는 채용의 비용을 생각하는 회사다. 이 회사의 5가지 원칙은 '비밀이 없다, 내부 갈등이 없다, 산만한 분위기가 없다, 혼란이 없다, 낭비가 없다'이다. 핵심 가치는 '반드시 승리한다, 최고만을 고집한다, 발전을 위해 최선을 다한다, 가시적인 목표를 추구한다, 최첨단 제품을 개발 생산한다'이다.

이 회사의 면접은 매우 까다롭다. 다양한 질문으로 기술적 능력과 직업윤리에 대해 꼼꼼히 확인한다. 기업문화에 적합한지 확인하고 신원조회를 철저히 한다. 입사 전 최소 4번의 면접을 봐야 한다. 경력직의 경우 6번은 기본이다. 모든 면접관은 상세한 평가보고서를 작성한다. 이렇게 하는 이유는 '우리 회사에 들어오려면 아주 혹독한 과정을 거쳐야 한다'는 사실을 분명히 인식시키기 위해서다.

우수 인재 확보를 위해 돈을 이용하지 않는 것도 원칙이다. 단순히 보수나 복리후생이 더 좋다는 이유로 입사하려는 사람은 단호하게 거부한다. 이 회사는 자신의 발전을 위해 입사하려는 사람을 원한다.

채용과 반대로 해고는 빨리 할수록 좋다. 한 가지 행동만으로 판단하지는 않는다. 여러 곳에서 많은 얘기들이 들려온다. 고객으로부터의 불만도 들려온다. 부하 혹은 상사들과의 갈등도 발생한다. 이런 직원은 성과는커녕 고민만을 가져온다.

우선 진상 조사를 해야 한다. 부정적인 평가나 소문이 사실로 밝혀지면 강력한 피드백을 해야 한다. 당사자로 하여금 언제까지 이런 행동은 개선하겠다는 약속을 받은 다음 데드라인까지 개선이 되지 않으면 해고 절차를 밟아야 한다. 아무런 절차 없이 그만두게 되면 불만을 갖게 된다.

해고 사유에는 여러 가지가 있을 수 있지만 대체로 다음 3가지다.

첫째, 절도 · 거짓말 · 부정행위 등 윤리적 · 법적으로 옳지 않은 행위의 경우다. 재고의 여지가 없다. 일벌백계해야 한다. 두 번째 기회를 주어서도 안 되고 누구에게도 예외를 두어서는 안 된다.

둘째, 경기침체로 인한 정리해고다. 회사가 죽으면 모두 죽는다. 이때 기억할 사자성어는 소훼난파巢毁卵破다. 새집이 망가지면 알들도 성치 못하다는 말이다. 우선 회사가 살아야 한다. 그래야 나중에 해고된 사람을 다시 채용할 수 있다.

셋째, 무능으로 인한 해고다.

해고는 전적으로 관리자의 몫이다. 2가지 원칙이 있다. 해고 통지를 받고 놀라지 않게 해야 하며, 자존심에 상처를 주어서는 안 된다. 너무 서두르거나 투명하지 않은 방식으로 처리하는 것은 위험하다.

그렇다고 해서 시간을 지나치게 오래 끄는 것은 더 위험하다. 구조조정 계획을 세우면 대체로 소문이 돌고 소문은 맞는 경우가 많다. 이런 종류의 비밀은 오래 유지하기 어렵다. 이럴 때 퇴출 대상자는 물론 직원 모두가 누가 그만둘지 뻔히 알게 된다. 이런 상황에서 발표를 미루면 어색한 분위기가 계속되고 업무는 마비된다. 이른바 '데드맨 워킹' 효과다. 죽은 사람이 걸어 다닌다는 말이다. 해고 때의 프로세스도 중요하다. 그들이 어떤 감정으로 회사를 떠나느냐에 따라 5년, 10년 길게는 20년 동안 회사에 대해 악담을 할 수도 있고 칭찬을 할 수도 있다.

어쨌든 개인에게 해고는 청천벽력이다. 가정이 무너질 수도 있는 중대사다. 그렇기 때문에 먹고 살 방편을 마련해 줄 필요가 있다. 포스코나 KT 같은 대기업들이 하는 아웃플레이스먼트가 대표적 사례이다. 회사를 나가기 1년 전쯤 제2의 인생을 살 준비를 해주고, 다른 회사에 취직을 알선하는 것이다.

해고는 본인을 위해서나 조직을 위해서나 필요한 절차다. 반드시 나쁜 것만은 아니다. 해고를 당해본 사람은 정신이 번쩍 난다. 차제에 자신의 행동을 반성하고 새로운 경쟁력을 갖기 위해 노력하게 된다. 조직은 무능한 사람 대신 유능한 사람을 채용함으로써 경쟁력을 높일 수 있다. 최악의 시나리오는 무능한 사람이 자신의 무능함을 인식하지 못한 채로 검은 머리 파뿌리 될 때까지 조직에 머무는 것이다. 개인은 자기반성의 기회를 놓치고 나이만 먹는다. 조직은 그런 개인 때문에 성과를 내지 못한다. 그러는 사이 둘 다 골병이 든다.

채용은 천천히, 해고는 신속히 해야 하는 까닭이 여기에 있다.

생 각 해 보 기

☑ 채용하는 데 평균 어느 정도의 시간이 소요되는가?

☑ 너무 빠른 채용으로 실패한 경험이 있는가?

☑ 회사에 맞지 않지만 해고하지 않는 사람이 있는가?

☑ 해고를 미루는 이유는 무엇인가?

☑ 채용은 천천히 해고는 신속히 하는 데 장애요인이 있다면 무엇인가?

독일군은 왜
'멍부'를 물리쳤을까?
절대 뽑지 말아야 할 직원

사람을 제대로 본다는 것은 정말 어려운 일이다. 채용이 어려운 이유다. 바로 그렇기 때문에 절대 뽑아서는 안 될 사람들을 걸러내면 실패의 확률을 낮출 수 있다. 절대 뽑아서는 안 될 사람은 어떤 사람일까?

채용에서 가장 조심할 인물은 간신들이다. 간신은 왕조시대에만 존재하는 것이 아니다. 지금 이 시간 당신의 조직 안에서도 버젓이 활보하고 있다.

간신이란 조직의 미래나 비전에는 관심이 없고 오로지 사리사욕에 눈이 먼 자들이다. 자기 이익을 위해서는 모든 것을 희생해도 상관이 없다. 이런저런 명분을 교묘하게 내세워 자신의 지위를 강화한다. 자신의 패거리를 곳곳에 심는 데 전력을 기울인다. 자신을 반대하거나 뜻이 다른 사람은 무슨 수를 써서라도 공격한다. 그들은 능숙하게 암세포처럼 세력을 확장한다. 그렇기 때문에 일단 간신들이 권력을 잡기 시작하면 조직은 망가지기 시작한다. 그 편에 서지 않는 이상 생존하기가 힘들다.

간신들은 이마에 간신이라고 써 붙이고 다니지 않는다. 간신은 권력자인 상사의 심기를 파악하는 데 천부적인 능력을 가졌다. 심리상태, 기질, 기호나 취향 등을 귀신같이 알아내 교묘하게 이용한다. 자신에게 잘하기 때문에 어리석은 상사는 구분하지 못한다. 그들은 임기응변에 강하다. 어떤 상황이 닥쳐도 능수능란하게 자신을 변모시킬 수 있다. 입 안의 혀처럼 굴기 때문에 그들이야말로 조직의 충신이라고 오해할 가능성마저 있다. 간신을 믿고 그에게 중요 보직을 주는 순간 그 조직은 끝이다.

간신들에게는 일정한 특징이 있다. 비정상적인 행위도 서슴없이 한다는 것이다. 제나라 환공을 모신 간신 세 사람이 대표적이다. 요리사 역아, 비서인 개방, 관리인 수조가 그들이다. 요리사 역아는 환공을 위해 지극정성으로 모든 음식을 만들어 바친다. 어느 날 환공이 "나는 세상의 좋은 음식은 다 먹어봤는데 단 한 가지 사람 고기만은 못 먹어봤다"고 얘기한다. 그러자 역아는 다음 날 자기 아이를 삶아 바친다. 인간의 탈을 쓴 짐승이다. 개방은 환공을 모신다는 핑계로 부친상을 당하고도 15년간 부모를 찾지 않았다. 부모를 사랑하지 않는 자식이 황제라고 그러지 말란 법이 없다. 관리를 담당한 수조는 황제를 잘 모시겠다고 스스로 환관을 자처했다. 자기 몸 귀한 줄 모르는 사람이 황제에게 그러지 말라는 법이 없다. 관중 역시 제 환공을 모셨는데 죽을 때가 되자

유언으로 왕에게 세 사람을 버리라고 충고한다. 하지만 제 환공은 "세 사람 모두 나를 기쁘게 한다"며 계속 중용한다. 결과는 비참했다. 환공이 늙고 힘이 약해지자 역아는 수조 일당을 거느리고 정변을 일으켰다. 그리고 환공을 굶겨 죽였다.

지나친 사람을 조심해야 한다. 지나치게 친절한 사람, 지나치게 충성스러운 사람, 지나치게 깔끔 떠는 사람, 지나치게 엄격한 사람… 모두 조심해야 한다.

간신은 대개 말을 잘한다. 중국의 간신 중 한 명인 당나라 때의 노기가 대표적이다. 상황에 따라 말을 잘 바꾸기 때문에 팔색조라는 별명을 얻었다. 혐오스러운 외모에 제대로 배우지도 못해서 무시를 당했지만 쇠도 녹이는 말솜씨로 황제 덕종을 사로잡았다. 그는 생각이 빠르고 임기응변에 능했다. 급하고 꺼리는 것이 많은 덕종의 성격을 이용해 유능한 인재들을 해치우고 그들이 앉아야 할 자리에 무능한 자기 측근을 앉혔다. 무능한 자들만 골라 기용하는 것은 간신의 상투적 수법이다. 말이 청산유수인 사람은 그 말이 행동과 연결되는지 잘 관찰해야 한다.

'개원의 치'라는 전성기를 구가하며 명군으로 이름을 떨친 당 현종도 후반에 이임보라는 간신을 만나면서 망가진다. 이임보는 구밀복검口蜜腹劍으로 유명하다. 입은 꿀을 바른 듯 달콤한 말만 쏟아내지만 뱃속에는 칼을 감추고 있다는 말이다. 얼마나 무서운 일인가. 그는 간관들의 입을 봉하고 인사권을 틀어쥐었으며 어질고 유능한 인재들을 밀어냈다. 현종을 타락시키기 위해 아들 수왕의 처 양귀비를 차지하도록 부추긴 이도 이임보였다.

조심하고 몰아내야 할 것은 간신만이 아니다. 못난 리더도 조직에 발을 못 붙이게 해야 한다. 2차 대전 중 독일 참모본부는 '머리가 나쁘면서 의욕만 넘치는 사람'은 지휘관에서 배제시켰다. 이유는 이렇다. 자신의 능력은 생각하지 않고 일을 벌이고 또 잘하고 있다고 착각하기 때문에 본인은 물론 조직도 망가진다는 것이다. 머리가 나빠도 의욕이 없으면 실수의 폭이 적다. 여기서 네 유형의 리더가 나온다. 똑똑하고 부지런한 상사똑부, 똑똑하고 게으른 상사똑게, 멍청하고 부지런한 상사 멍부, 멍청하고 게으른 상사멍게가 그것이다. 독일군은 멍부를 제외시켰는데 사실 똑부도 위험하다. 똑똑하고 부지런한 상사는 큰 톱니바퀴가 정신없이 돌아가는 것에 비유할 수 있다. 그러면 작은 톱니바퀴들은 제 구실을 못한다. 최선은 똑게다. 똑똑한 사람은 적당히 게으른게 좋다.

책임 있는 자리에 있으면서 결단을 회피하는 사람, 말썽이 있을 때 위원회 같은 것을 만들어 남에게 위임하는 사람, 의심스러울 때 머뭇거리는 사람도 리더로서 위험한 유형이다.

리더는 결정하는 사람이다. 설혹 다소 잘못되었더라도 그 위험을 감수할 수 있어야 한다. 우유부단한 사람이 높은 위치에 올라가서 머뭇거리면 그 조직은 큰 혼란에 빠진다. 되는 일도 없고 안 되는 일도 없다. 결정을 내려도 늘 뒷북을 치기 마련이다. 이런 사람에게는 "제때 내려진 잘못된 결정이 늦게 내린 올바른 결정보다 낫다"는 말을 들려주고 싶다.

필자가 꼽는 '조심해야 할 사람'의 유형은 다음과 같다.

:: **회사를 너무 자주 옮기는 사람**_ 1년에 한 번씩 회사를 옮기는 사람은 환영받을 수 없다. 최소 한 직장에 5년 정도 근무하는 것이 바람직하며 통상 40대 초반의 경우 전직 횟수가 3회 이내라면 무난하다. 전직 사유가 본인의 잘못이 아닌 경우, 예를 들면 폐업, 인수합병으로 인한 통합, 그룹 내 전보 등인 경우는 면접 때 분명히 밝혀두어야 한다.

:: **보수나 조건에 우선순위를 두는 사람**_ 면접 시 본인이 회사에 무엇을 기여할 수 있는지, 업무 자체의 전망이나 담당할 업무의 성격은 어떤지, 본인이 업무에 적합한지 등보다 보수나 조건을 우선적으로 따지는 사람은 좋은 인상을 줄 수 없다. 보수는 일반적으로 회사 제도에 순응하는 것이 바람직하다. 회사방침에 따름으로써 무리수를 피하는 것이 좋고, 조정한다면 현 급여에서 10~20퍼센트 정도 상향하는 정도가 바람직하다.

:: **업계 지식이나 회사가 취급하는 상품에 대한 정보가 부족한 사람**_ 경력자의 경우 특히 영업직이라면 별도의 장기간 연수나 교육 없이 바로 현업에 투입해 생산성을 올려야 하므로 업계 지식이나 상품 정보에 어두운 사람은 채용이 불가능하다.

:: **평판 조사 결과가 아주 좋지 않은 사람**_ 경력자라면 채용을 확정하기

에 앞서 전 직장 동료나 상사, 고객 등 후보자의 주변인물로부터 인물 평을 들어본 후에 결정하게 되므로 업계 평판이나 주변인물 평이 나쁜 사람은 최종 단계에서 탈락되는 경우가 종종 있다. 따라서 평생 직업인으로서 신용관리를 철저히 하고 전직을 할 때 전 직장과의 관계를 좋게 유지해야 한다. 면접 때 전 직장 동료나 상사, 회사에 대해 험담하는 것은 금물이다.

: : 직업윤리 의식이나 정직성, 신뢰성에 문제 있는 사람_ 최고경영자의 덕목으로 가장 중시되는 것은 윤리의식과 정직성이다. 따라서 직장인으로서 투철한 도덕성에 입각한 정직성과 윤리의식이야말로 최고 위치로 올라가는 데 필수 요건이다. 특히 재무 분야나 영업 및 마케팅 분야의 책임자는 더욱 그렇다. 참고로 세계적인 다국적 기업들은 현지법을 위반하지 않는 것이 경영의 최우선 목표다.

: : 도전정신 · 창의력 · 기업가적 모험정신이 결여된 사람_ 자주 듣는 애기이지만 도전정신과 모험정신을 몸소 실천할 줄 아는 사람은 매우 드물다. 현실에 안주하고 관습에 너무 얽매여 개혁은 시도조차 하지 않으려는 인물은 선택되지 않는다. 외부에서 인물을 영입하는 목적은 조직에 신선한 바람을 불어넣고 활력을 촉진시켜 경쟁력을 강화하기 위해서다. 이에 적합한 인물은 당연히 기업가적 모험정신이 있고 무에서 유를 창조할 수 있는 인물이다. 외국 회사 지사장들은 대

부분 혈혈단신으로 부임하여 매출과 조직을 점차 확대한 모험정신이
있는 사람들로서 창조적 파괴를 과감히 실행할 수 있는 능력의 소유
자들이다. 따라서 외부 스카우트 대상 인물은 당연히 초기에는 악역
을 담당할 수 있는 각오가 있어야 한다.

생 각 해 보 기

- ☑ 당신 조직의 충신과 간신이 있다면 누구인가?
- ☑ '똑게, 똑부, 멍게, 멍부'에 대한 당신 생각은?
- ☑ 당신은 위 네 가지 중 어디에 속하는가? 만족하는가?
- ☑ 당신이 조심하는 사람들은?
- ☑ 평판 조사는 어떤 프로세스로 하는가?

CHAPTER 05

강한 조직은
다르게 뽑는다

:: 좋은 회사의 특별한 채용 이야기

월급보다
더 중요한 것이 있다
인재들이 몰리는 회사의 조건

취업 준비를 하는 딸과 얘기를 나누다 보면 격세지감이 들 때
가 있다. 요즘 젊은이들은 기업에 대해 의외로 많은 정보를 갖
고 있다. 가장 우수한 애들은 A은행과 B은행에 우선적으로 지원하고 거
기서 밀린 애들이 나머지 은행을 간다는 식이다. 또 어느 그룹은 분위기
도 보상도 좋고, 어느 그룹은 급여는 쥐꼬리만큼 주고 일만 '빡세게' 시킨
다는 것도 알고 있다. 나처럼 다양한 회사를 다녀본 사람들만이 알고 있
는 정보를 이미 알고 있는 것이다.

모든 발전의 원동력은 사람이다. 산업 발전도 그렇다. 낙후되었던
영화산업이 발전하기 시작한 것은 어느 시점인가부터 인재들이 몰려
들었기 때문이다. 섬유산업이 사양산업이란 소리를 듣기 시작한 것
도 그 근본은 인재들이 관심을 보이지 않던 시점과 때를 같이한다.

중소기업이 낙후 상태를 벗어나지 못하는 것도 인재들이 오지 않고, 어쩌다 오는 인재들마저 얼마 안 가 회사를 그만두기 때문이다. 중소기업이 대기업으로 발전하고 싶다면 바로 인재난의 변곡점을 넘어서야 한다.

1980년도에 설립된 웅진그룹도 그런 시기가 있었다. 윤석금 회장이 이렇게 고백한 적이 있다.

"처음 5명으로 시작했습니다. 가장 큰 애로사항은 사람을 뽑는 것이었지요. 이름도 없고, 돈도 없고, 내세울 게 없는 회사에 누가 오겠습니까?"

하지만 어느 순간 그 변곡점을 넘어섰고 지금은 좋은 인재를 유치하는 데 별 어려움이 없다.

좋은 인재는 뽑고 싶다고 뽑을 수 있는 것이 아니다. 좋은 인재일수록 자신이 원하는 곳에 가기 위해 여러 경로를 통해 많은 정보를 수집한다. 좋은 인재를 뽑기 위해서는 인재가 오게끔 좋은 회사를 만드는 것이 필수적이다. 그렇지 않으면 오지도 않지만 오더라도 곧 나가버린다.

많은 사람이 급여가 센 회사가 좋은 회사라고 오해한다. 물론 업계 평균은 되어야 한다. 많을수록 좋기는 하다. 하지만 급여가 많다고 좋은 회사는 아니다. 인재가 조직에 헌신하기 위해서는 적어도 다음 3가지 조건 중 하나는 충족되어야 한다. 재미가 있든지, 의미가 있든지, 돈이 되든지.

그러면 좋은 회사의 실체는 어떤 모습일까? 성과급 없이 고속으로 성장하는 회사가 있다. 미국 최대 소프트웨어회사 SAS다. 이 회사는 개인

별 성과급제를 철저히 무시한다. 1976년 이 회사를 만든 짐 굿나이트 회장은 처음부터 공정성과 형평성을 기업 이념으로 내걸었다. 개인성과에 따른 보너스도 스톡옵션도 없다. 돈으로 일을 더 하게 만들지 않는다는 게 기본 원칙이다.

대신 가족 친화적 환경과 각종 교육 기회 및 복지를 제공한다. 주당 35시간만 근무하면 된다. 아름다운 호수를 낀 조각공원과 바비큐 파티를 벌일 수 있는 시설이 환상적이다. 의사 둘, 간호사 다섯, 물리치료사에 상담사까지 있고 모든 진료는 무료다. 교사 1명당 3명의 아이만 맡는 몬테소리 유아원과 유치원도 있다. 아기 엄마들의 천국이다. 세탁서비스가 갖춰진 시설과 운동기구로 가득 찬 체육시설도 그만이다. 아이를 입양하는 직원에게는 지원도 해준다. 근무시간은 유연하다. 정말 환상적이다. 당연히 이직률은 낮다. 업계 평균이 20퍼센트인데 이 회사의 이직률은 4퍼센트다.

이 회사 인사 관리의 목표는 노동비용 최소화가 아니라 이직률 줄이기다. 이유는 비즈니스 모델 때문이다. 이 회사는 통계 패키지 소프트웨어를 기업에 판 뒤, 끊임없는 유료 업데이트를 통해 돈을 번다. 그렇기 때문에 소프트웨어 개발보다 사후 서비스와 고객관리가 더 중요하다. 한 사람이 떠나면 그 손실은 돈으로 따지기 어렵다는 것이 이들의 계산이다.

"경영자뿐 아니라 일반직원들까지 똑같이 즐겁게 일할 수 있는 회사를 만든다. 직장이란 즐거운 곳이어야 하고 모든 직원들은 한 사람의 인격체로서 존중받아야 한다. 직원들은 최선을 다하겠다는 의지가 있는 사람들이다."

임원 전용 주차공간이나 식당이 따로 없다. 모두가 개인 사무실을 갖고 있고 복장은 캐주얼이다. 감독과 통제보다는 조언과 교육에 역점을 두고 있다.

17년 이상 인사를 총괄했던 데이비드 루소는 이렇게 말한다.

"최상의 제품을 생산하고 최상의 성과를 얻을 수 있는 방법은 실제 업무를 담당하는 직원 한 사람 한 사람이 긍지를 갖게 하는 것이다. 매일 오후 6시가 되면 가장 소중한 자산이 회사를 떠난다. 우리는 그들이 내일 오전 9시까지 무사히 돌아오기를 기대할 뿐이다. 이런 생각을 가지고 있다면 아무 문제가 없다. 회사가 직원들에게 최선을 다해주면 직원들은 최선을 다하게 마련이다. 경영방식이 중요한 게 아니라 왜 그런 방식을 택하게 되었느냐가 중요하다."

직원을 신뢰하고 존중해 주면 직원들 역시 그에 맞게 행동한다. 사람들은 기대대로 움직인다. 인사의 인프라가 바로 이것이다. 제임스 굿나이트의 말이다.

"예로부터 뛰어난 사람들은 돈이 있는 곳을 향했다. 오늘날에는 뛰어난 사람들이 있는 곳으로 돈이 찾아온다. 핵심인재가 중요하다고 말은 하지만 최고경영층은 핵심 인재 확보, 양성, 활용에 적은 시간만을 투자하는 게 사실이다. 모든 경영자는 다음 글을 되새겨보아야 한다. 회사 자산 중 95퍼센트가 밤마다 회사 정문을 빠져나간다. CEO는 그들이 내일 다시 돌아오게 해야 한다."

미국 법률회사 SWM도 흥미로운 회사다. 이 회사는 설립 때부터 신뢰, 책임, 그리고 유연성을 모토로 내걸었다. 변호사들에게 더 큰 책임과 유연성을 제공하겠다는 것이다. 대형 로펌에서 온 한 변호사는 이렇게 말한다.

"지난 4년간 아무도 내가 하루 몇 시간 사무실에 있었는지 말하지 않았다. 대신 고객들에게 성실하라는 얘기만 끊임없이 들었다."

이 회사의 핵심 전략은 가격경쟁력이다. 유연한 근무 시간 덕에 인건비가 대형 로펌보다 낮다. 시간제 변호사들은 대부분 정규직 변호사들보다 낮은 임금을 가져가기 때문이다. 그러나 자유 시간이 많으므로 불만은 적다. 또한 사무실 임대료가 적게 든다. 다른 비용효과도 있다. 보조원들의 업무를 변호사가 직접 하기 때문에 사무인력이 거의 없다. 변호사들은 비용을 절감하려 복사부터 컨설팅까지 그야말로 일인다역을 해낸다. 하지만 서비스 품질은 좋다. 전문가만 모인, 작지만 강한 회사가 되었다.

이 회사는 유능하지만 개인 시간을 더 가질 수 있는 직장을 찾던 변호사들을 대거 채용했다. 자연 다양한 변호사들이 들어왔다. 다양한 분쟁사건을 다루는 회사에서 이는 큰 자산이 되었다. 고객의 어려움을 가장 잘 이해하는 사람이 가장 좋은 상담을 해줄 수 있는 건 당연하다.

중소기업은 대기업에 비해 여유가 없기 때문에 임금을 높이는 데 한계가 있다는 것은 누구나 아는 사실이다. 하지만 임금 외에도 직원에게 줄 것이 많다는 사실도 알아야 한다.

임금에 대해서는 조직행동학의 대가인 제프리 페퍼 스탠퍼드경영대학원 교수의 말이 많은 시사점을 준다.

첫째, 임금과 노동비용은 같다고 생각하는데 그렇지 않다. 임금은 시간당 지불하는 금액이고 노동비용은 생산단위당 들어가는 비용이다. 임금을 생각하는 대신 임금 대비 성과를 생각해야 한다.

둘째, 임금을 깎으면 노동비용을 낮출 수 있다고 생각하는데 오해다. 임금이 낮아도 그들이 제대로 일을 하지 않으면 정말 비싼 임금을 지불하고 있는 것이다.

셋째, 노동비용이 총생산비용에서 상당한 몫을 차지한다는 신화가 있는데 역시 오해다. 청바지의 경우 노동비용은 총비용의 15퍼센트에 그친다.

넷째, 노동비용 감축은 유효한 경쟁전략이라는 신화도 오해다. 임금은 가장 쉽게 깎을 수 있고 누구나 할 수 있다. 하지만 프로세스 개선이나 제품 품질개선보다 훨씬 영양가가 적다.

다섯째, 개인별 성과급제는 생산성을 향상시킨다는 신화도 잘못이다. 이것은 협동이 필요없는 업종에서만 통한다.

좋은 회사의 핵심은 존중심이다. 설혹 월급이 좀 적더라도 가치 있는 일을 하고, 자신이 존중받는다는 느낌을 받으면 사람들은 기쁜 마음으로 일한다. 반대로 월급이 많고 다른 조건이 좋더라도 소속감도 없고, 시키는 일만 해야 하고, 존중심을 느끼지 못하면 사람들은 오래지 않아 그 조직을 떠날 것이다.

☑ 당신 회사는 좋은 회사인가, 그렇지 않은 회사인가?

☑ 어떻게 그것을 알 수 있는가?

☑ 그 업종에서 최고의 인재들이 몰려드는가?

☑ 인력 수준이 점차 높아지고 있는가?

☑ 당신 회사를 좋은 회사로 만들기 위해 해야 할 3가지는 무엇인가?

연봉부터 따지는 사람과는
일하지 마라
벤처기업의 채용법

 채용의 원칙과 방법은 회사의 규모, 성장단계 등에 따라 달라질 수밖에 없다. 그런 면에서 2006년 CJ그룹에 800억을 받고 회사를 넘긴 플레너스 방준혁 사장의 채용 원칙에는 배울 점이 있다.

우선, 회사를 사랑하는 사람이어야 한다. 남들보다 끈덕지게 회사에 달라붙는 애정과 열정이 필수조건이다. 평범하게 들리지만 가장 중요하다.

"벤처기업은 시작하는 단계라 조직이 불안정하고 와해되기 쉽습니다. 이런 곳에서는 자신이 잘난 줄 아는 신세대는 조금만 위기가 닥쳐도 떨어져나갑니다. 이래서는 회사가 살 수 없지요."

여기에는 두 번의 뼈아픈 실패를 경험한 방 사장 자신의 과거가 녹아 있다. 한때 일류대 출신, 해외 MBA 유학파 출신 등 화려한 이력의 소유자들과 야심차게 사업을 시작했지만 결과는 참담했다. 회사가 어려워지자 해결책을 찾는 대신 하나둘씩 보수를 많이 주는 회사로 빠져나간 것이다.

그는 입사 지원자에게 회사에 대한 애정과 함께 간절함이 있는지를 살핀다. "지원자의 태도와 함께 눈을 뚫어지게 관찰하면 그 간절함이 어느 정도 보인다"고 한다. 입사 면접도 보통 3사람당 1시간 정도로 꼼꼼하게 진행한다. 이 자리에서 회사에 대한 좋은 이야기를 해주기는커녕 "사생활을 많이 희생할 만큼 업무량이 많은데 자신 있느냐?"고 묻는다. 회사에 뼈를 묻겠다는 사람을 찾는 과정이다.

실패를 경험해 본 사람에게는 가산점을 준다. 실패는 언뜻 무능함과 연결될 위험도 있지만 그의 생각은 다르다. 실패의 쓴맛을 본 사람은 한 단계 성숙해지고 이를 발판으로 더 열심히 일할 수 있기 때문이다. 그래서 지원자 이력서에서 회사를 옮긴 경력을 발견하면 그 원인과 과정 등을 세세히 묻는 편이다.

학력을 고려하지 않는 것도 채용의 원칙이다. 이력서에 학력을 쓰는 칸은 있지만 거들떠보지도 않는다. 서로의 학력을 묻지 않는 것도 불문율이다.

"이력서상의 경쟁력을 따지면 대기업을 따라갈 수 없어요. 우리는 그저 일에 미칠 수 있는 사람이면 됩니다. 안정된 연봉과 백그라운드를 원하면 대기업으로 가고, 사생활을 원하면 공무원을 하라 이겁니다. 나는 일에 젊음을 바칠 자세가 되어 있는 사람을 원합니다."

직원들이 일에 너무 미치는 게 문제가 된 적도 있다. 게임 개발 직원들이 잠도 자지 않고 매일 새벽까지 게임에 몰두했던 것이다. 업무 성과는 올라갔지만 상당수가 낮에는 멍하니 앉아 있거나 졸기 십상이었다. 사람이 먼저 망가지겠다고 생각한 그는 근무 시간 바로잡기에 나섰다. 잠을 자지 않는 직원들 때문에 새벽 1시까지 퇴근하지 못하는 날이 반복되기도 했다.

출근 시간도 감독하기 시작했다. 어느 날 아침에는 정각 9시부터 막대자 하나를 들고 엘리베이터 앞에 서서 밤 도록 일하느라 지각한 직원들의 손바닥을 때렸다. 장난하듯 가볍게 치는 수준이었지만 규칙 준수에 대한 사장의 의지를 전달하기에는 충분했다.

그는 조직의 체계 유지와 규율 준수에 큰 비중을 둔다. 주머니에 양손을 찔러넣고 다니는 직원들에게는 꿀밤을 준다. 톡톡 튀는 게임회사답지 않게 사무실 벽에 '절대 정숙'이라는 문구가 커다랗게 쓰여 있는 것도 같은 이유에서다.

"우리가 대기업이었다면 틀에 박힌 관행과 사고방식을 깨려고 온갖 방법을 다 썼을 겁니다. 그러나 벤처기업으로 시작하는 단계에서는 반대로 조직을 만들어내는 작업이 우선입니다."

옥션 대표를 지낸 이금룡 사장의 채용에 관한 생각도 재미있다. 그야말로 경험에서 나온 얘기다.

"인재는 구하는 것이 아니라 스카우트하는 것이다. 인재를 첫눈에 알아보는 안목을 길러야 한다. 나쁜 인연은 빨리 정리해야 한다. 책임을 전가하는 사람, 이익과 관련해 허황된 이야기를 하는 사람, 본질에 충실하지 않고 편법을 마치 본질처럼 이야기하는 사람은 정리 대상이다. 끊임없이 면담을 요구하고, 면담 때마다 자신이 얼마나 잘나가는지, 스카우트 제의를 많이 받는지를 얘기하는 사람도 안 된다."

세 종류의 인간이 있단다. 충신, 간신, 현신이 그것이다. 이 중 간신이 가장 열심이지만 그는 회사가 아니라 자신을 위해 일한다.

모 은행에서 있었던 일이다. 7년 연속 인사 평가에서 1위를 한 직원이 큰돈을 횡령해 은행에 엄청난 손실을 입혔다. 어떻게 그런 일이 벌어질 수 있을까?

그는 한 번도 점심을 외부에서 먹지 않고 언제나 사무실을 지켰다. 휴가를 사용한 적도 없다. 상사들은 회사를 위해 열심히 일한다고 생각했다. 하지만 그는 고객의 돈을 빼돌려 다른 짓을 하고 있었다. 그가 점심 시간에 밖에 나가지 않고 휴가를 사용하지 않은 이유는 혹시 자리를 비운 사이에 자신의 행위가 발각될지도 모른다는 두려움 때문이었다.

뭔가 석연치 않은 사람들은 다 구린 구석이 있다. 밤새워 일하는 사람, 주말에도 나와 일하는 사람을 조심하라.

이금룡 사장의 인사 철학 몇 가지다.

첫째, 연봉 이야기 하는 사람은 채용하지 않는다.

둘째, 간부가 될 사람은 부인도 중요하다. 그래서 진급시키기 전 반드시 부인을 만나본다. 남편보다 월급봉투를 중시하는 여자가 있다. 남편이 월급을 받아와야 공과금과 아이들 학비를 감당할 수 있다는 믿음을 가진 부인은 곤란하다. 반면 회사를 옮기거나 새로운 사업을 할 때 리스크가 있더라도 더 나은 미래를 위해서라면 얼마든지 참겠다는 부인이 있다. 이런 부인을 둔 남편을 진급시킨다.

셋째, 상담할 때 동석시키고 상담일지를 써보게 한다. 속기록 형태로 쓴 사람은 안 된다. 숨겨진 의도를 파악할 줄 아는 통찰력 있는 자를 우대한다.

넷째, 채용은 절대 위임하면 안 된다. 어떤 일을 어떻게 할 것인지 직접 물어본다. 그리고 몇 달 후 잘 되어가는지 확인한다. 충성하지 않을 방법이 없다.

다섯째, 간신일수록 더 열심히 일하는 경향이 있다. 하지만 회사일이 아니다. 자기 일을 한다. 휴일 근무나 야근이 지나치게 잦은 사람을 조심하라. 책임을 전가하는 사람, 편법을 불사하는 사람, 일확천금을 노리는 사람도 채용해서는 안 된다.

대기업과 중소기업, 벤처의 채용은 각기 달라야 한다. 삼성이나 LG 같은 그룹은 여유가 있기 때문에 충분한 시간을 갖고 사람을 뽑아놓고 그들이 성과를 낼 때까지 기다릴 수 있다. 하지만 대부분의 중소기업은 그렇지 못하다. 중소기업이 대기업과 같은 형태로 채용을 한다면 살아남을 수 없다. 그렇기 때문에 조직은 자신이 생각하는 인사에 대한 명확한 철학과 인재상을 만들어야 한다.

생 각 해 보 기

☑ 방준혁 사장의 인사 원칙에 대해 어떻게 생각하는가?

☑ 이금룡 사장의 인사 철학에 대해 어떻게 생각하는가?

☑ 공감하는 점과 그렇지 않은 점은?

☑ 당신이 벤처기업을 차린다면 어떤 인재를 채용하겠는가?

☑ 그렇게 생각하는 이유는?

가족이 있는 사람을 뽑는다
KD그룹의 채용법

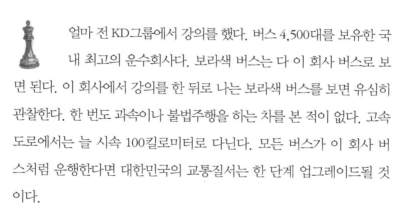 얼마 전 KD그룹에서 강의를 했다. 버스 4,500대를 보유한 국내 최고의 운수회사다. 보라색 버스는 다 이 회사 버스로 보면 된다. 이 회사에서 강의를 한 뒤로 나는 보라색 버스를 보면 유심히 관찰한다. 한 번도 과속이나 불법주행을 하는 차를 본 적이 없다. 고속도로에서는 늘 시속 100킬로미터로 다닌다. 모든 버스가 이 회사 버스처럼 운행한다면 대한민국의 교통질서는 한 단계 업그레이드될 것이다.

이 그룹의 허명회 회장은 6·25전쟁 중 학도병으로 참전, 전역 후 경희대에 입학했지만 가정 형편으로 학업을 중단한 뒤 1961년 경기여객의 평사원으로 입사해 현재 경기고속 등 8개 운수회사의 대표이사가 되었다. 한마디로 운수업에 평생을 바친 인물이다.

1972년 버스 30대로 출발, 꾸준히 성장을 거듭해 2000년에는 2,000
대, 2009년에는 4,500대를 보유하기에 이르렀다. 전 직원은 7,300명으
로 그중 80퍼센트가 운전기사다. 그는 KD그룹의 8개사를 단 1건의 노사
분규도 없는 모범 회사로 만들었다. 모든 구성원의 신뢰 속에서 노사화
합을 이루어냈다. 그 결과로 노사문화 우수기업 대통령 표창을 받기도
했다.

이 회사에 노사분규가 없는 것은 허 회장의 솔선수범 때문일 것이다.
다른 임원을 통해 이런 얘기를 들었다. 허 회장은 매스컴 타는 것도 이름
이 알려지는 것도 싫어한다. 하지만 직원들은 모두 그를 존경한다. 그는
사치와는 담을 쌓고 늘 절제된 생활을 한다. 그랜저를 11년 동안 탔고 현
재 타고 있는 체어맨은 9년째다. 그가 타던 그랜저는 삼성화재박물관에
있단다. 그가 차를 바꾸지 않는 이유는 단 하나, "고객을 위한 버스는 8
년에 한 번 바꾸는데 내 차를 자주 바꾸는 것은 말이 되지 않는다"는 것이
다. 1년에 평균 500대의 버스를 구입하는데, 자기 차를 바꾸면 499대
밖에 바꾸지 못한다는 것이다.

허 회장은 매일 4시 반에 일어나 30분간 명상을 하고 출근한다. 부모
님 상을 당한 날 외에는 한 번도 결근하지 않았다. 그는 한쪽 눈을 실명
했다. 배기가스에 지나치게 노출된 눈에 녹내장이 생겨 수술을 받았기
때문이다. 룸살롱에 간 적도 없고 외국에도 나가본 적이 없다. 골프도 치
지 않는다. 달러를 한 푼도 못 벌면서 무슨 해외여행이냐면서 직원들을
모두 보낸 후 가겠다는 것이다.

그는 또한 철저한 현장주의다. 성장 과정에서 여러 버스회사를 인수했
는데, 그는 회사를 인수할 때 3가지를 본다고 한다. 차고지의 정리정돈

상태, 화장실의 청결 상태, 회사 식당에서 CEO가 밥을 먹는지 여부다. 망한 회사는 셋 중 한 가지는 반드시 문제가 있다.

운수사업은 마진이 적어 이익을 내기가 쉽지 않다. 하지만 이 회사는 이익을 내고 있다. 2가지 이유 때문이다. 일정 규모가 되고 관리에 철저하기 때문이다. 이익을 내기 위해 연료비와 보험료 절감에 목숨을 건다. 이 회사는 여기에 관한 한 챔피언이다. 차 무게를 줄이기 위해 온갖 아이디어를 낸다. 불필요한 물건은 일체 싣지 않는다. 스페어타이어도 싣지 않는다. 철로 만든 휠을 60억을 투자해 알루미늄 휠로 바꾸었다. 초기 투자는 컸지만 연료비 절감을 통해 2년 만에 본전을 뽑았다. 심지어 체중이 많이 나가는 기사의 채용을 꺼릴 정도다. 그가 말하는 3대 악은 사고, 불친절, 에너지 낭비다. 이 회사는 3대 악을 안전, 친절, 에너지 절감으로 바꾸었다.

그는 직원들에게 큰 애정을 갖고 있다. 운전기사가 영업사원이고 회사의 얼굴이라는 생각을 갖고 있다. 필자는 강의를 숱하게 많이 해왔지만 운전기사들에게 이 회사만큼 비싼 교육을 시키는 곳은 보지 못했다. 기사들이 입는 옷은 앙드레김이 디자인한 옷이라고 한다. 식사 또한 최고의 식자재를 쓴다. 콩나물은 제주에서, 쇠고기는 안동, 쌀은 충주, 김치는 고랭지배추를 사다 쓰고, 보이차는 중국에서 2톤을 직접 구입하며 생선은 원양어선으로부터 사온다. 여기에 13억 정도의 추가비용이 들었지만 개의치 않는다. 한마디로 식비에는 제한이 없다. 다른 것은 아껴도 직원들에게는 돈을 아낌없이 쓰자는 철학이다. 그래서인지 1978년 식당을 만든 후 식중독 사건이 한 번도 없었고 기사들의 만족도도 매우 높다. 강의 후 회사 식당에서 밥을 먹었는데 집에서 먹는 식사 못지않다는 느낌을 받았다.

이 회사 역시 인사에 신경을 많이 쓴다. 우선 채용 기준이다. 부인이 있어야 한다, 부모를 모시고 사는 사람에게 가점을 준다, 자식도 있어야 하고 군대도 다녀와야 한다, 이혼을 하거나 혼자 사는 사람은 불이익을 받는다 등이다. 철학은 단순하다. "가정이 있어야 책임감도 생기고 사고를 치지 않는다. 처자식이 있고 부모를 봉양하는 사람은 절대사고 치지 않는다"는 것이다. 별것 아닌 것 같지만 참으로 지혜로운 기준이다.

원래 기사들은 조금 거칠고 다루기 힘들다고 한다. 이 회사는 승무관리위원제도라는 것을 통해 이들을 잘 관리한다. 15명 정도를 한 팀으로묶고 거기에 대장을 한 명씩 배정해 이들에게 영업 관리, 인사 관리, 결재권, 배차권 등을 주는 것이다. 위원에게 찍혔다 하면 지내는 게 힘들어진단다. 앞으로 보라색 버스를 유심히 보기 바란다.

생 각 해 보 기

- ☑ 허명회 회장의 이야기를 듣고 느낀 점은?
- ☑ 벤치마킹하고 싶은 것은?
- ☑ 그의 채용 기준처럼 당신 업에 맞는 채용 기준을 만든다면?
- ☑ 그렇게 생각하는 이유는?
- ☑ 연료비와 보험료처럼 당신 회사에서 이익을 높이기 위해 신경 써야 할 항목은?

모범생은
사양합니다
스파이렉스사코의 채용법

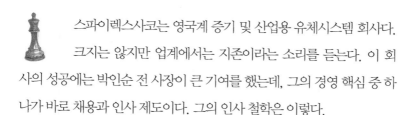 스파이렉스사코는 영국계 증기 및 산업용 유체시스템 회사다. 크지는 않지만 업계에서는 지존이라는 소리를 듣는다. 이 회사의 성공에는 박인순 전 사장이 큰 기여를 했는데, 그의 경영 핵심 중 하나가 바로 채용과 인사 제도이다. 그의 인사 철학은 이렇다.

"성공의 비결 첫 번째는 사람이다. 사람을 잘 만나는 것은 분명 행운이지만 그런 행운과 축복이 저절로 굴러들어오는 것은 아니다. 좋은 사람을 만나는 것은 노력의 결과다. 우리 회사는 신입 사원 모집공고가 없다. 정기 모집도 하지 않는다. 나는 필요할 때 필요한 인재를 등용한다.

많은 기업이 형식적인 시험과 면접을 통해 직원을 선발한 후 회사 차원에서 교육을 하면 된다고 믿고 있다. 나는 그런 방식을 사용하지 않는다. 배추 씨앗을 뿌리면 배추가 자라고 배나무 씨앗을 뿌리면 배나무가 자란다. 이것을 성性이라 하는데, 그 성의 질質이 어떤가를 말하는 단어가 성질性質이다. 아무리 교육을 해도 본래 가지고 있는 고유의 성질은 바뀌지 않는다."

그의 인재 채용은 '사냥꾼과 농부 이론'으로 정리된다. 천성적으로 사냥꾼영업직 기질을 가진 사람들 혹은 농부관리직 기질을 가진 사람들이 있다. 농부 기질을 가진 이에게 사냥법을 가르쳐 사냥을 시키면 효율성이 떨어질 것은 불을 보듯 뻔하다. 사냥꾼에게 농부를 하라면서 '안 되면 되게 하라'는 구호로 채근해 봤자 효율성이 떨어지기는 마찬가지다.

그는 사냥꾼과 농부 역할을 가려 160명을 채용하는 동안 한 번도 실패한 적이 없다고 한다. 아니, 단 한 번 예외가 있었다. 한 사원의 넘치는 끼를 발견하고 사냥꾼으로 발탁했는데 본인이 감당하지 못했다. 그는 자신의 안목에 회의를 느끼기보다 그 사원의 자신감을 살려주는 것이 급선무라고 생각했다. 그래서 그에게 농부 역할을 권했고 결과는 성공이었다. 직원을 선발할 때 출신학교, 지역, 성별을 묻지 않는 것도 그의 인사 스타일이다. 성적 우수자를 선호하지도 않는다. 다만 오랜 관찰을 통해 그가 어떤 인성의 소유자인지를 파악한다.

그는 경쟁적인 사람을 선호한다. 농부인지 사냥꾼인지를 구분해 각자에게 어울리는 활동영역으로 안내한다.

"저는 다양한 체험을 한 사람, 맺고 끊는 것이 분명한 사람, 밝고 긍정적인 사람을 선호합니다. 평소 관계사 직원 중 우리와 기질이 잘 맞는 사람을 물색해 두었다가 데려오기도 합니다. 마음이 맞는 사람끼리 일을 하면 훨씬 수월하거든요. 좋아하는 과목에서는 A를 받고 싫어하는 과목은 F를 받은 학생이 전 과목 A학점을 받은 사람보다 더 창의적이고 잠재력이 크다고 생각합니다. 큰일을 해내는 사원들 가운데 모범생은 거의 없고 그래서 안 뽑습니다."

이 회사는 연고 채용을 중시한다. 알음알음으로 온다. 친구를 소개하기도 하고 친척을 데려오기도 한다. 이런 연고 채용은 위험할 수도 있지만 잘 활용하면 성공 확률을 높일 수 있다. 그래서 대를 이어 근무하는 경우도 있다.

이 회사의 또 한 가지 특성은 채용에 많은 시간을 쓴다는 점이다. 납품 회사 직원을 오랫동안 지켜보다 스카우트한 경우도 있다. 이미 회사와 직원 간에 신뢰관계가 있기 때문에 실패 확률을 줄이고 빠른 시간에 조직에 안착시킬 수 있다.

직원 채용과 인사에 정해진 답이 있을 수는 없다. 업체의 규모, 특성, 경쟁 상태 등에 따라 조절하면 된다. 이런 철학은 하루아침에 나오지 않는다. 분명한 것은 오랜 고민과 경험, 시행착오를 거치면서 만들어진 인사 원칙이 성공할 확률이 높다는 사실이다.

생 각 해 보 기

☑   현재 당신 회사의 업에 필요한 사람들은 어떤 사람들인가?
☑   연고 채용에 대한 당신의 의견은?
☑   당신 회사에 사냥꾼 성향인 사람은 누구인가?
☑   당신 회사에 농부 성향인 사람은 누구인가?
☑   성향에 맞게 배치가 된 사람과 그렇지 않은 사람은?

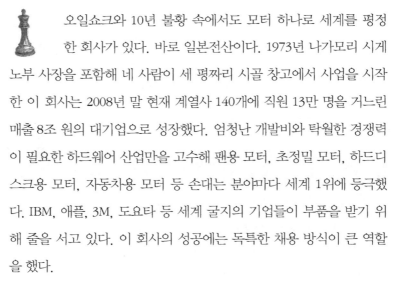

목소리 큰 사람,
밥 빨리 먹는 사람
일본전산의 채용법

오일쇼크와 10년 불황 속에서도 모터 하나로 세계를 평정한 회사가 있다. 바로 일본전산이다. 1973년 나가모리 시게노부 사장을 포함해 네 사람이 세 평짜리 시골 창고에서 사업을 시작한 이 회사는 2008년 말 현재 계열사 140개에 직원 13만 명을 거느린 매출 8조 원의 대기업으로 성장했다. 엄청난 개발비와 탁월한 경쟁력이 필요한 하드웨어 산업만을 고수해 팬용 모터, 초정밀 모터, 하드디스크용 모터, 자동차용 모터 등 손대는 분야마다 세계 1위에 등극했다. IBM, 애플, 3M, 도요타 등 세계 굴지의 기업들이 부품을 받기 위해 줄을 서고 있다. 이 회사의 성공에는 독특한 채용 방식이 큰 역할을 했다.

우선 목소리가 큰 사람을 뽑는다. 문장을 돌아가면서 읽게 한다. 전화를 걸어 자기소개를 하고 상대방이 놀라거나 당황하지 않게 하면서 말하고자 하는 바를 전달하려면, 명료하면서도 예의 바른 태도가 기본이다. 가장 중요한 것은 '자신감 있는 큰 목소리로 말하기'다.

큰 소리로 말할 수 있는 사람은 자신감이 있을 뿐 아니라 실수했을 때 반성도 빠르다. 이는 곧 진보할 수 있는 가능성이 크다는 의미이다. 목소리가 크다는 것은 자기 실력에 자신이 있고 최선을 다해 노력한다는 증거이다.

정말 일리가 있다. 목소리가 작은 사람은 에너지 레벨이 낮다. 나른하다. 이런 사람과 같이 있으면 졸립다.

어느 해는 밥 빨리 먹는 사람을 뽑았다. 고두밥과 오징어 등 씹기 어려운 음식을 잔뜩 올려놓았다. 치아 건강과 왕성한 소화력은 정열적으로 일할 수 있는 신체적 능력의 지표라는 채용 기준을 세운 것이다. 사람마다 속도가 다른데 최고 3분부터 최하 40분까지 있다. 밥을 빨리 먹는 사람은 일하는 것도 빠르다. 결단이 빠르고, 동작이 빠르고, 일하는 속도도 빠르다. 더불어 위가 튼튼해 소화도 잘 시킨다.

이런 시험을 볼 때 사람들의 반응도 관찰거리다. 재미있다는 표정, 활기찬 표정으로 호기롭게 먹어치운 사람이 최고다. 자수성가한 오너들의 특징과도 일치한다. 그들 중 밥을 느긋하게 먹는 사람은 거의 없다. 김우중 전 대우그룹 회장도 밥을 빨리 먹는 데서 타의 추종을 불허했다.

밥을 빨리 먹는 사람은 빠릿빠릿하다. 일처리가 똑부러진다. 할 일을 알아서 착착 해치운다. 그 반대는 엉덩이가 질긴 것, 느려터진 것, 차일피일 미루는 것이다. 한마디로 게으른 것이다.

어느 해는 운동선수만을 채용했고, 어느 해는 대학에서 낙제한 경험이 있는 사람만으로 자격을 제한하기도 했다. 이들에게 낙제한 이유와 똑같은 상황에 다시 놓인다면 어떻게 하겠는지를 물었다. 후회하며 열심히 공부해 다시 낙제하지 않겠다는 것은 정답이 아니다. 이런 사람들은 모두 낙방이다.

개중에 이런 인물이 있었다. "맘에 둔 여자가 있었는데 콧대가 너무 높아 작업을 하느라 시험을 못 봤지만 그 여자는 지금 내 아내가 되어 있다." "산에 미쳤는데 에베레스트에 오를 기회를 놓칠 수 없어 그렇게 되었다." 그런 이들은 대부분 이런 말을 덧붙였다. "낙제는 했지만 더 큰 것을 얻었기에 후회하지 않는다. 같은 상황이 와도 여전히 그렇게 할 수밖에 없을 것이다." 이들은 합격했다.

사장이 본 것은 과연 이들이 실패를 통해 배울 수 있는 인재들인지, 위기가 닥쳤을 때 위기를 기회로 바꿀 만한 열정과 성실성을 가졌는지였다.

화장실 청소 시험을 치르기도 한다. 화장실 청소를 시키며 반응을 본다. 청소는 모든 일의 기본이다. 청소를 못하는 사람은 제아무리 잘났어도 큰일을 제대로 처리할 수 없다. "화장실 청소하는 걸 보면 그 사람의 겉과 속을 그대로 들여다볼 수 있다. 우리 회사가 꼽는 인재는 명문대학을 졸업한 사람이나 우수한 사람, 일류기업 경력자가 아니다. 마음속에 불씨를 갖고 있어 언제든 그것을 점화할 수 있는 사람이다. 그런 불씨를 가진 사람이라면 화장실 청소처럼 남들이 싫어하는 일도 서슴없이 할 수 있어야 한다."

이는 일을 미루지 않고 해내는 습관, 문제를 완벽히 해결하는 습관, 스스로 일에 책임지는 습관을 평가하는 시험이다.

오래 달리기 시험을 보는 경우도 있다. 주파할 구간은 건강한 20대라면 누구나 쉽게 완주할 거리다. 완주하는 것이 1차 조건이다. 끝까지 한 번도 쉬지 않고 달려야 한다. 아무리 빨리 왔어도 중간에 쉰 사람은 무조건 불합격 처리한다.

이 회사는 작은 회사였다. 미친 듯이 일하지 않으면 살아남을 수 없는 회사였다. 사장은 늘 "남들보다 두 배로 일하라. 주말도 없이 일하라. 신입 사원 주제에 쉴 생각을 하다니, 해결하지 못하면 죽는다고 생각하라"며 밀어붙였다. 모토는 '즉시 한다, 반드시 한다, 될 때까지 한다'이다.

직원에 대한 평가도 지독하리만큼 우직하고 끈질기다. 어느 분야를 지원하든 처음부터 현장에 투입한다. 회계나 홍보 담당도 예외는 없다. 아무것도 모르는 신입 사원들조차 연구하고 개발하는 현장에서 실전을 치르게 한다. 영업도 물론 바로 일선에서 뛰어야 한다. 열정과 집념으로 뭉친 회사다. 팀 단위나 그룹 단위로 "할 수 있다"를 외치면서 일을 시작한다. 이런 구호를 외치는 순간 긍정의 회로가 머릿속에 심어진다는 것이다.

대강 어떤 회사인지 그림이 그려진다. 사장의 말이다.

"면접 때 잔업이 있느냐, 휴일은 며칠이냐, 급여는 얼마냐 같은 질문을 제일 먼저 하는 사람은 절대 뽑지 않는다. 여러 가지 질문과 답변이 오고 가면서 참고로 물어보는 경우라면 몰라도 마치 노동부 직원이나 할 법한 질문을 해대는 구직자도 있다. 그런 친구에게 거꾸로 '그럼 그 월급 받아 가며 잔업 안 하고 휴일 챙기면서 회사에 무엇을 해줄 수 있느냐'고 물으면 아무 대답도 못한다."

회사마다 처한 상황과 업이 다르다. 이 회사처럼 신생 회사에서는 느긋하게 기다릴 여유가 없다. 이것저것 따지다가는 날이 샌다. 그래서인지 뽑지 말아야 할 사람에 대한 그림도 명확하다. 힘들 때 바로 도망가는 직원, 자주 몸이 아파 쉬거나 지각하며 건강 관리 의식이 없는 직원, 쉽게 남의 일처럼 발언하는 평론가 같은 직원, 끝맺음이 어설픈 직원, 쉽게 하겠다고 말하지만 약속을 지키지 못하는 직원이 그것이다. 미친 듯이 일하고, 안 되는 일도 되게 하고, 밀어붙이고, 열정으로 가득 찬 직원이 그들의 이상형이다.

불황을 모르는 일본전산, 비결은 바로 여기에 있었다.

생 각 해 보 기

☑ 일본전산 이야기에 대한 당신의 의견은?

☑ 동의하는 것과 그렇지 않은 것은?

☑ 현재 당신 회사에도 비슷한 채용 기준이 있는가?

☑ 그것을 채용 기준으로 한 이유가 있는가?

☑ 어떤 사람을 뽑아야 하고, 어떤 사람을 뽑지 말아야 할까?

다정한 사람을 찾습니다
사우스웨스트항공의 채용법

 사우스웨스트항공은 단 4대의 비행기로 출발, 30년도 채 안 되는 짧은 기간에 미국 굴지의 대형 항공사로 성장했다. 초기에는 매출이 부진해 4대 중 1대를 팔 수밖에 없었다. 살아남기 위해 온갖 노력을 다했다. 그중 하나가 지상에서의 체재 시간을 줄이는 것이었다. 노력한 결과 15분 정도로 줄일 수 있었다. 15분 사이에 승무원을 교체하고 137명에 달하는 탑승객을 내리고 다시 탑승시킨다. 100여 개의 화물과 1,000파운드의 우편물을 내리고 싣는다. 4,500파운드의 연료를 주유한다. 다른 회사는 35분 정도 걸리는 일이다. 모든 직원은 자신의 업무 외에 다른 업무도 할 수 있다. 조종사와 승무원들까지 직접 기내 청소를 돕는다. 게이트에서 탑승수속도 한다.

이들의 성공은 적극적인 기업문화와 직원들의 협동 덕분이다. 모두가 한마음으로 비행기를 신속하게 이륙시킬 준비를 한다. 조종사도 직접 승객의 가방을 실어야 하면 기꺼이 그렇게 한다.

사우스웨스트항공에는 일의 즐거움, 가족적인 분위기, 고객뿐 아니라 직원 만족까지 강조하는 독특한 기업문화가 있다. 1998년에는 〈포천〉이 선정한 '미국에서 가장 일하고 싶은 100대 기업' 가운데 1위를 차지하기도 했다. 이들의 가치관과 철학은 다음과 같다.

1조 : 일은 즐거워야 한다. 일은 놀이다. 즐겨야 한다.
2조 : 일은 중요하다. 그렇다고 심각하게 생각해 억지로 해서는 안 된다.
3조 : 사람이 중요하다. 한 사람이 세상을 바꿀 수 있다.

이 회사의 성공에는 채용이 큰 역할을 했다. 적합한 사람을 채용했기 때문에 위와 같은 신화를 만들어낼 수 있었던 것이다. 도대체 어떤 사람을 어떤 과정을 통해서 뽑는 것일까?

유머 경영으로 유명한 사우스웨스트는 채용을 마치 종교처럼 신성하게 생각한다. 천성적으로 재미없는 사람을 재미있게 만드는 것은 힘들기 때문이다. 재미있는 사람을 채용하고 그 사람의 재능이 꽃을 피우게 하는 것이 중요하다.

우선 태도를 중시한다. 학력, 기술, 출신보다 태도의 비중이 높다. 스킬은 훈련될 수 있지만 태도는 바꾸기 어렵다고 생각하기 때문이다. 이들의 채용 광고는 "우리는 남의 말을 잘 들어주고, 다른 사람을 생각하고, 미소를 잘 짓고, '감사합니다'라는 말을 할 줄 아는 다정한 사람을 찾습니다"이다. 업의 특성상 동료애와 팀워크가 아주 중요하고 원만한 대인관계가 필수적이다. 성격을 바꾸는 것은 아주 어려운 일이라 기본적으로 긍정적인 자세를 가진 사람을 선발한다.

또 개인보다는 조직 전체의 목표를 우선시해야 한다. 친화력도 결정적이다. 파일럿을 뽑을 때도 기술자격증 유무, 비행 경력보다 동료에 대한 관심, 유머감각, 팀워크의 비중이 큰 편이다. 특히 친절한 태도를 중요시한다. 이를 파악하기 위해 숨어 있는 면접관을 활용한다. 전혀 상관이 없을 것 같은 곳에 면접관을 배치한다. 경비나 안내데스크 직원으로 가장하기도 한다. 경비에게 무뚝뚝한 태도를 보인 피면접자는 당연히 떨어진다. 취재도 한다. "조종사들은 다른 항공사의 고참 조종사에게 전화 한 통만 하면 누구보다 많은 정보를 얻을 수 있다"고 말한다. 이런 과정을 통해 메이저 항공의 수석기장으로 재직하고 영화의 스턴트맨으로도 활약한 사람을 탈락시키기도 했다. 안내 직원에게 무례하게 대했기 때문이다.

태도란 개인적 경험을 바탕으로 오랜 시간에 걸쳐 형성된다. 태도는 업무와 직결되며 전염성이 강하다. 잘못된 태도는 조직 전체로 퍼질 수 있다. 태도는 다음과 같은 질문을 함으로써 파악한다.

"상황을 진정시키기 위해 유머를 마지막으로 사용한 게 언제입니까?"

"마지막으로 규정을 어긴 것이 언제입니까?"

팀워크 성향을 알기 위해 인터뷰 중 나, Me라는 말을 많이 쓰는 사람은 뽑지 않는다. 한편으로 직원을 활용해 좋은 사람을 찾는다. 'BYOBBring Your Own Buddy라는 제도이다. 주변에 좋은 사람이 있으면 데리고 오라는 말이다. 직원 한 명당 채용 관련 정보가 담긴 카드를 5장씩 나누어준다. 언제 어디서든 친절한 태도, 서비스 정신을 갖춘 인물을 발견하면 이것을 주고 입사를 권하라는 뜻이다.

인기 회사이기 때문에 선발은 무척 까다롭다. 신청자들은 어려운 과정을 통과하기 위해 온갖 기발한 아이디어를 제출한다. 종이로 대형 케이크를 만들어 그 위에 이력서를 적어 제출하는 사람도 있다. 시리얼 박스나 피자 박스에 이력서를 적거나, 회장이 좋아하는 와일드 터키 버번의 병 라벨에 이력을 적어 제출하는 사람도 있다. 선발 과정은 신청, 전화를 통한 1차 면접, 2차 그룹 면접, 3회의 추가 면접일선 직원들과 2회의 면접이 있다, 그리고 면접관들의 전체 평가를 거쳐 다수결로 결정한다. 이 과정에서 사우스웨스트의 다른 직원과 접촉을 하게 된다. 직원들은 지원자가 제대로 적응할지에 대해 자기 의견을 내놓는다.

회사 가치관에 맞는 사람을 뽑기 위해 선발 과정에 최우수고객을 참여시키기도 한다. 긍정적 자세와 팀워크에 가장 역점을 둔다. 이들에게 크레용을 주고 자신을 소개하는 그림을 그리라고 주문하기도 한다. 선을 과감하게 무시하고 자유롭게 그리는 사람을 뽑는다.

사우스웨스트항공은 직원 선발과 관련해서 세계적 인재 개발 컨설팅회사인 DDIDevelopment Dimension International가 개발한 채용 모델을 따른다.

■ 과거 행동을 바탕으로 미래 행동을 예측할 것
■ 특정 직무 수행을 위해 꼭 필요한 업무능력을 파악할 것
■ 선발 기준을 체계적으로 정리해 종합적인 시스템을 만들 것

- 효과적인 면접 기법과 능력을 활용할 것

- 여러 명의 면접관들이 참석해 서로 체계적인 정보 교환을 할 수 있게 할 것

- 행동 시뮬레이션을 통한 관찰 결과를 면접에 활용할 것

면접에서 떨어진 사람도 잘 관리한다. 잠재고객이라고 보기 때문이다. 이들이 조금이라도 열등감을 느끼거나 기분을 상하거나 자존심을 다치지 않도록 각별히 조심한다. 인사 담당자가 탈락한 지원자에게 전화를 걸기도 한다.

당신 회사의 채용 방식은 어떠한가? 지금의 방식이 마음에 드는가? 그렇지 않다면 어떤 형식으로 사람을 뽑고 싶은가?

채용에 관심을 가져야 한다. 관심을 가지면 방법이 나온다.

생 각 해 보 기

☑ 사우스웨스트항공의 이야기를 읽고 느낀 점은?

☑ 공감하는 점과 그렇지 않은 점은?

☑ 채용하려는 인재를 몇 줄의 글로 표현한다면 어떻게 하겠는가?

☑ 그렇게 생각하는 이유는?

☑ 그런 인재를 찾기 위한 면접 장치가 있다면?

일주일에 몇 번
부모님께 전화하나요?
외식업계의 채용법

 나는 외식을 할 때마다 종업원을 유심히 살펴본다. 그러면서 음식 맛은 물론 서빙하는 사람의 중요성을 절감한다.

최고의 음식점을 만들려면 사장이 채용에 관해 일가견이 있어야 한다. 인기를 끄는 음식점은 사장의 채용 마인드 역시 일급이다. 동서양을 불문하고 어디서나 확인되는 사실이다.

한국 최고의 스시집이라는 스시 효. 스시의 지존이라 불리는 이 음식점의 안효주 사장은 채용 때 다음 2가지 질문을 던진다.

"한 달에 부모님을 몇 번 찾아뵙니까? 부모님께 전화는 얼마나 자주 드리나요?"

직원의 이력서나 경력은 그다지 중요하지 않다. 부모님에게 얼마나 잘하느냐, 이것이 그가 사람을 뽑는 기본 척도다. 부모를 정말 공경하는 직원은 이런 질문을 받으면 눈빛부터 달라진다. 그가 원하는 직원은 부모에게 효도하는 직원이다.

"부모님께 잘하는 사람이 대인관계도 좋고 다른 일도 잘합니다."

가게 이름을 스시 효로 정한 것도 이 때문이다. 부모와 사이가 좋은 사람은 확률적으로 대인관계가 원만할 가능성이 높다. 반대로 부모님과 사이가 나쁜 사람은 자기도 모르는 사이에 타인을 경계하고 적개심을 품을 가능성이 높다.

시작한 음식점마다 히트를 쳐서 '외식업계의 미다스의 손'으로 불리는 오진권 사장도 채용에 대해 명확한 기준을 갖고 있다. 그는 능력보다 인성을 따진다. 긍정적인 사람과 성격이 밝은 사람을 우선적으로 채용한다. 미혼보다는 가정이 있는 사람, 자녀가 있는 사람을 우선 채용한다. 가정이 있으면 책임감이 있기 때문이다. 예전에는 1년에 한두 차례 월요일 새벽에 간부를 대상으로 비상소집을 한 적도 있다. "새벽 6시까지 사무실로 모이세요." 가정생활과 사생활을 알아보기 위한 테스트였다. 이 자리에 참석하지 못하는 사람은 주말을 가족과 함께 보내지 않는 사람이다.

가정생활이나 사생활이 바르지 못한 사람은 회사에서 문제를 일으키거나 근무태도가 좋지 못해 결국 도태되거나 문제를 일으키고 회사를 그만두는 경우가 많다. 가정에 충실한 사람이 직장에서도 충실하다. 필자 역시 이 부분에 동의한다. 모든 것에 성실이 우선이다. 가정이 있으면 성실해질 가능성이 높다. 자녀가 있으면 더 확률이 높아진다. 당연히 가정에 대해 알아야 제대로 된 사람을 채용할 수 있다.

대니 메이어는 미국의 레스토랑 전문가다. 그는 『세팅 더 테이블』이란 책에서 레스토랑 성공의 비결도 결국은 사람이라고 말한다.

"훌륭한 서비스를 유지할 수 있는 비결은 훌륭한 사람을 채용하는 데 있다. 최고의 레스토랑이 되면 유능한 직원을 채용할 수 있고, 그러면 그들이 우리 레스토랑을 최고로 만든다. 레스토랑 같은 업이야말로 적성이 맞아야 서로가 행복할 수 있다."

그가 원하는 인재상은 명확하다.

"나는 가르치는 걸 좋아하고, 우선순위를 정할 줄 알고, 부지런히 일하며, 무엇보다 직원들에게 중요한 책임을 맡기면서 또한 존엄성을 지킬 수 있도록 도와주는 지도자를 원한다. 진심으로 배우고 성장하기 위해 노력하는 사람, 어제보다 오늘 나아지려 하는 사람이 나는 좋다. 웨이터가 테이블에서 와인 잔을 들어 빛에 비추어보고 얼룩이 없는지 점검하는 모습이 가장 아름답다. 세세한 부분까지 주의를 기울여야 한다. 일을 잘 못하는 원인은 종종 '할 수 없다'가 아니라 '하기 싫다'이다."

그는 센스가 있는 사람을 원한다. 필자 역시 센스 있는 사람이 좋다. 특히 대인관계 비중이 높은 업에서는 더욱 그러하다. 그의 말이다.

"배려가 있어야 한다. 배려를 위해서는 세심한 감정이입이 필수적이다. 감정이입은 다른 사람의 감정을 인식할 뿐 아니라 우리 자신의 행동이 다른 사람들에게 어떤 영향을 주는지 자각하고 염려하는 것이다. 예를 들어 웨이터는 손님들이 무엇을 필요로 하거나 원하고 있는지 직감적으로 파악할 수 있어야 한다. 기념일을 축하하러 왔는지, 비즈니스를 하러 왔는지, 요리를 먹으러 왔는지, 동료와 간단히 식사를 하러 왔는지."

그런 면에서 눈치가 없는 사람은 적합하지 않다. 다른 사람을 돌보는 일을 좋아하는 사람을 채용해야 한다. 어떤 사람들은 천성적으로 다른 사람을 도와주면서 행복을 느낀다. 하지만 이런 감성적 능력은 단시간에 파악하기 힘들다. 당분간 함께 지내면서 살펴보아야 한다.

반면 화를 잘 내는 사람, 개인적인 감정을 다른 사람에게 전가하는 사람은 피해야 한다. 화를 잘 내는 사람은 대부분 인격적으로 미성숙한 사람이다. 이런 사람과 일하기를 좋아할 사람은 아무도 없다. 그는 "자각과 성실성은 붙어다닌다. 맡은 일을 책임 있게 하기 위해서는 성실한 인품이 요구된다. 자각은 자신의 감정을 아는 것이다. 일종의 개인적 일기 예보다. 직원들의 기분과 전체적인 분위기는 고객의 기분에 영향을 준다. 사람이 항상 쾌활하고 행복할 수는 없다. 하지만 직장에서는 감정을 조절하고 제어할 수 있어야 한다. 개인적으로 화난 일을 동료들에게 투사하는 것은 누구에게도 도움이 되지 않는다. 그런 사람을 스컹크라고 부른다"고 말한다.

그는 원하는 인재상을 채용 과정에 정확히 반영한다. 이곳의 채용 과정은 치밀하다. 수습 과정을 통해 후보자를 검증하고 걸러낸다. 수습 과정은 신고식이 아니라 더욱 강한 팀을 만들기 위한 건전한 방식이다. 요리, 서빙, 예약, 청소 등 여섯 단계의 과정을 거치면서 그때마다 추천을 받지 못하면 다음 단계로 넘어갈 수 없다. 모든 수습 과정을 거쳤다는 것은 대여섯 명의 팀원들에게 인정을 받았다는 얘기다. 이 정도 되면 여느 대기업의 채용 과정 못지않게 철저하다 할 만하다.

채용의 또 다른 루트는 직관력이 뛰어난 주변 사람을 통하는 것이다. 그는 아내인 오드리에게 자문을 구하기도 한다. 오드리에게는 천성적으로 사람의 인품과 진실성을 귀신같이 알아내고 겉과 속이 다른 사람을 단박에 가려내는 눈이 있기 때문이다. 그래서 지원자를 불러 집에서 같이 밥을 먹어보면서 살피는 시간을 갖는다.

이들은 만장일치로 직원을 채용한다. 어떤 식으로든 지나친 사람은 채용하지 않는다. 지나치게 적극적이거나 소극적인 사람은 사절한다.

채용 다음의 메시지도 중요하다. 그는 직원들에게 스스럼없이 표현하고, 실수를 통해 배우고, 유쾌하고 느긋해지라고 격려한다. 그런 것이 고객과의 대화에 도움이 된다. 시간 엄수도 매우 중요한 문제다. 처음에 시간을 지키지 않았을 때는 실수로 생각한다. 두 번째는 의심하기 시작한다. 세 번째는 노동윤리가 없는 사람으로 생각한다. 약속시간에 늦거나 전화나 이메일에 즉시 답신을 하지 않는 만성적 지각은 일종의 오만이다. '나는 다른 사람을 기다리게 해도 될 만큼 중요한 사람이다'라는 메시지를 전하는 사람은 포기한다.

매니저에게 기대하는 것도 명확하다. 매니저가 되면 입에 확성기가 달린 듯 전보다 스무 배나 많은 사람들에게 그의 말이 전해진다. 다른 직원들은 쌍안경이 주어진 듯 매니저의 일거수일투족을 본다. 매니저는 권한을 책임감 있고 적절하고 일관성 있게 사용해야 한다. 매니저는 또한 사람을 믿을 수 있어야 한다. 사람을 믿지 못하는 매니저는 사람을 움직이지 못한다. 사람을 믿어야 그 사람도 믿음으로 반응한다. 가장 고약한 매니저는 피드백을 하지 않는 매니저다. 차라리 야단을 치는 매니저가 낫다. 아무 반응을 보이지 않으면 직원들은 초조하고 혼란스럽다.

『한비자』에 맹구지환猛狗之患이라는 고사가 나온다. 사나운 개가 있는

가게에는 손님이 오지 않는다는 이야기다. 음식점에 이런 사나운 개가 있다면 손님은 절대 오지 않는다. 전국시대 사상가 순자는 이런 말을 남겼다.

"선비에게 질투하는 친구가 있으면 주변에 좋은 친구가 모여들지 않는다. 군주에게도 질투하는 신하가 있으면 그 주변에 뛰어난 인재들이 모여들지 않을 것이다."

이것은 작은 레스토랑에서도 예외가 아니다.

생 각 해 보 기

- ☑ 위 내용에 대한 당신의 의견은?
- ☑ 동의하는 점과 그렇지 않은 점은?
- ☑ 자주 다니는 음식점의 직원 중 최고의 직원과 최악의 직원은?
- ☑ 음식점을 차린다면 어떤 사람을 채용하고 싶은가?
- ☑ 그렇게 생각하는 이유는?

CHAPTER 06

차별 없는 대우가
인재를 떠나게 한다

:: 지속가능한 조직을 만드는 인재 관리법

평가는 단순하게,
보상은 확실하게
모두가 공감하는 평가 원칙과 기법

 인재를 채용하는 것 다음으로 중요한 일은 그 인재를 잘 육성하고 동기부여를 하여 조직 안에서 성과를 내게 하는 것이다. 그렇지 않으면 알갱이는 빠져나가고 쭉정이만 남는다.

회사에서 몇 달만 지내도 직원들은 회사에 대해 거의 모든 것을 파악한다. 계속 이 회사에 남아 있는 것이 나은지, 그만두는 것이 나은지를 파악하고 거기에 맞게 행동한다. 하지만 내색은 하지 않는다. 떠나기로 했다면 또 다른 기회가 올 때까지 일하는 척만 할 것이다.

사람은 모름지기 재미가 있거나, 의미가 있거나, 돈이 되어야 일을 한다. 셋 중 하나라도 충족되면 괜찮다. 비영리단체에서 일하는 사람들은 의미 때문에 일을 한다. 월급이 적어도 동료들이 좋고 회사가 재미있으면 견딜 만하다. 이도 저도 아니라면 돈이 되어야 한다.

또 하나 결정적인 것이 있다. 바로 제대로 된 평가다. 제대로 된 평가를 주고받을 때 동기부여가 된다. 잘하는 사람은 잘한다는 얘기를 듣고, 그렇지 못한 사람은 이런 점은 개선하라고 할 때 긴장감이 생기면서 힘이 생긴다.

아울러 평가에 따라 보상이 달라져야 동기부여가 된다. 사람을 가장 힘 빠지게 하는 것은 모든 사람을 동등하게 대하는 것이다. 이것이야말로 가장 공평하지 못한 행위다. 좋은 인재를 뽑고 유지하기 위해서는 평가에 따라 금전적 보상, 인정, 교육훈련 등이 달라져야 한다. 특히 금전적 보상이 중요하다.

말로만 칭찬을 하는 경영자를 본 적이 있다. 특히 사람들 앞에서 늘 한 직원을 칭찬한다. 하지만 아무런 금전적 보상이나 혜택이 없다. 그저 말뿐이다. 아무런 도움이 되지 않는 행위다. 오히려 그에게 불이익을 주고 만다. 동료들의 쓸데없는 질투를 불러일으키고, 본인의 기대만 키워놓고 실망감을 안겨주기 때문이다. 결국 그 사람은 조직을 떠난다.

피터 드러커는 "사람은 절대 바뀌지 않는다. 사람을 바꿀 수 있는 것은 평가뿐이다"라고 말했다. 평가 없이 개선 없다. 인사 문제는 평가에서 시작해서 평가에서 끝난다. 하지만 현실은 그렇지 않다. 오직 성과에 대한 평가만 받으며 몇십 년 동안 회사생활을 하는 이들이 비일비재하다. 그러다 보니 직원은 다른 사람 눈에 비친 자신이 어떤 사람인지 모른다. 조직의 암적 존재가 스스로를 핵심 인재라고 생각하고, 반대로 핵심 인재가 스스로를 필요 없는 존재라고 생각하기도 한다.

개인과 조직이 함께 발전하려면 무엇보다 평가 방법에 신경을 써야 한다. 우선 평가 기준이 회사가 추구하는 방향, 인재상, 요구사항과 일치해야 한다. '인간 중심 경영'을 외치면서 성과 중심으로 평가를 해서는 곤란하다. 반대의 경우도 안 된다. 평가의 목적은 행동 변화를 유도하는 것이다. 성과를 위주로 한다면 성과에만 집중하면 된다. 복잡하면 안 된다. 단순하면서도 메시지가 명확하고 평가자와 피평가자가 모두 동의하는 평가가 좋은 평가다.

단순하고 명쾌한 평가의 모델로는 GE가 발군이다. 이들의 평가서는 간결하다. 평가자와 피평가자가 함께 앉아 대화를 나눈다. 평가는 회사가 줄곧 강조해 온 방향, 가치와 정확하게 일치한다. 주요 성과를 요약하고 핵심 강점key strength과 주요 개발 과제key development needs, 그리고 액션 플랜action plan을 작성한다. 평가 항목도 9가지뿐이다. '비전을 공유했다, 열정이 있고 헌신했다, 에너지와 스피드가 있다, 글로벌 마인드를 갖고 있고 다양성을 수용한다, 변화에 적극적이다, 장벽이 없고 팀플레이를 한다, 성실하다, 개발에 적극적이다, 품질에 관심이 높다'를 평가한다. 평가 등급도 단순하다. '기대를 초과했다, 달성했다, 기대에 못 미친다, 기간 등이 짧아 평가할 수 없다'뿐이다. 좋은 평가는 이처럼 단순하고 이해하기 쉽다. 평가자도 쉽게 평가할 수 있고, 피평가자 또한 금방 납득할 수 있어야 한다.

어떤 회사는 평가서만 수십 장이 된다. 역량, 성과, 내부직원, 외부고객, 심지어 인성… 그야말로 평가를 하다 날이 샐 지경이다. 그러니 평가 얘기만 나오면 모두 고개를 젓는다. 평가 항목만 수십 가지에 이르고, 등급도 1부터 7까지 복잡하다. 평가하기도 어렵고 피평가자가 이해하기는 더욱 어렵다. 이런 식의 평가는 하나마나일 뿐만 아니라 도리어 조직에 피로감만 더하는 역효과를 내기 십상이다.

그렇다면 제대로 된 평가를 위한 프로세스는 어떠해야 할까?

첫째, 사업전략부터 살펴봐야 한다. 현재 우리의 전략은 무엇이며 그것을 수행하기 위해 필요한 인재가 누구인지, 그 사람이 우리에게 맞는 사람인지를 살피고 부족하다면 어떻게 보강할 것인지를 고민해야 한다. 키워드는 전략과 사람이 한 방향으로 정렬하는가이다. 어디에도 잘 맞는 조커 같은 존재란 없다.

둘째, 개인에 대한 정보를 모으고 이를 바탕으로 그 사람에 대한 평가 미팅을 가져야 한다. 인간이 인간을 완벽하게 객관적으로 평가한다는 것은 불가능하다. 하지만 그 사람에 대해 아는 사람들이 모여 그 사람에 대해 얘기를 나누면 평가의 품질을 높일 수 있다. 각 개인의 잠재력과 성과는 무엇인지, 개인의 강점과 개발이 필요한 부분은 무엇인지 찾아야 한다. 이와 함께 높은 기준으로 개인을 평가하는 것이 좋다. 리더로 성장하는 데 요구되는 가치와 능력도 포함해야 한다.

사람에 대한 얘기이기 때문에 논의 자체를 불편해하는 사람이 있을 수 있다. 이런 분위기를 극복하고 개방적이고 엄밀하게 얘기를 주고받을 수 있게 하는 것이 관건이다.

셋째, 사람에 대한 논의 결과를 그룹화하는 것이 중요하다. 보통 A, B, C 등급으로 나눈다. 성과의 축과 잠재력의 축으로 매트릭스를 그릴 수도 있다. 성과의 축과 회사 가치의 축으로 나눌 수도 있고, 성과의 축과 대인관계의 축으로 나눌 수도 있다. 그때그때 목적에 따라 그룹화하면 된다.

넷째, 개인에 대한 실행계획을 작성해야 한다. 잠재력이 큰 사람은 새로운 기회에 노출시켜 잠재력을 발휘하게 할 수 있다. 성과는 좋지만 부하직원과 관계가 나쁜 사람은 코칭을 받게 해 단점을 개선할 수도 있다. 일은 열심히 하지만 성과가 나지 않는 사람은 상사가 일하는 방법을 알려줄 수도 있다. 스태프 부서에만 있던 사람은 현장 부서로 옮겨 회사 전체의 모습을 알려줌으로써 리더로 성장시킬 수 있다.

다섯째, 사업부별 인재 역량을 평가하고 단계별 실행계획을 작성해야 한다. 주기적으로 매출과 이익을 따지고 실적미달인 경우 이를 어떻게 극복할 것인지 실시간으로 보고하게 하면서도, 정작 그것을 실행할 인재 역량에 대해서는 아무런 액션을 취하지 않는다면 새로운 성과는 기대할 수 없다. 해당 부서가 보유한 전반적인 인재 풀에 대해 논의하게 하라. 얼마나 강한지, 현재의 군사를 갖고 전쟁에 이길 수 있는지, 발전을 저해하는 인재 관련 이슈는 무엇인지, 직원 채용과 능력 개발에 문제는 없는지, A급 인재의 보유 현황은 어떤지, 성과가 낮은 직원에 대한 조치는 취해졌는지, 다양성은 어떤지를 점검하라. 마지막에는 2~5장 정도의 강력한 계획을 작성하게 한다. 그런데 이것이 잘못되면 일할 사람이 부족하니 사람 좀 뽑아달라는 청원서로 전락할 수도 있다. 그래서는 안 된다. '사람과 관련된 부분은 일차적으로 부서장의 책임이며, 사람을 키우는 것도, A급 인재를 잡는 것도, 매력 있는 부서로 만들어 외부 사람들이 오게끔 하는 것도 해당 부서의 책임'이란 사실을 인지시켜야 한다. 부서장으로 하여금 인사 문제를 가장 높은 우선순위에 두게끔 해야 한다.

여섯째, 실행계획대로 일이 진행되었는지 평가해야 한다. 이 자리에서 사람 농사에 대한 모든 평가가 이루어져야 한다. A급 직원을 데려와 성과를 내고 있는 부서장과 뽑아주었는데 놓친 부서장이 있다면 이를 냉정하게 평가해야 한다. 왜 그랬는지, 앞으로 어떻게 할 것인지를 확인하고 대책을 강구해야 한다. 직원의 몰입도와 만족도가 높아 성과를 내는 부서장과 온갖 불만을 안고 회사를 그만두는 직원이 속출하는 부서장을 똑같이 대접해서는 안 된다. 매출과 이익을 다루는 것 이상으로 사람 문제에 신경을 쓰게끔 해야 한다.

이 자리에는 CEO와 HR 임원이 반드시 참석해야 한다. 사람을 뽑고 평가하는 일은 절대 위임해서는 안 된다. 사람 관련 일을 부하직원에게 넘기는 것은 '나는 직원 일에는 관심이 없다'는 것을 단적으로 보여주는 최악의 행위다.

CEO는 무엇을 할 것인가? CEO는 평가에 대한 기대치를 설정하고 주의를 요구하는 일은 강조하고 또 강조해야 한다. 잠재력이 아주 뛰어난 개인을 위해서는 대담한 인사를 행하고, 성과가 떨어지는 직원에 대해서는 결단력 있는 조치를 취하도록 요구해야 한다. HR 임원은 정직하고 통찰력 있는 논의가 되도록 유도해야 한다. 개발 기회를 파악하기 위해 중요 직무와 특별 프로젝트의 목록을 갖고 있어야 한다. 평가와 실행계획을 기록하여 잠재력 높은 관리자에 대한 창의적인 배치방안을 제공해야 한다. 사업부장과 라인 관리자도 참석해야 한다. 관리자는 직속부하에 대한 예비평가를 제출해야 한다. 예비평가는 논의에 오른 직원의 강점과 약점, 개발이 필요한 부분을 금세 파악할 수 있게 해준다.

처음부터 과정이 완벽할 필요는 없다. 하면서 고쳐나가면 된다. 내부 인끼리 진행하기보다 외부에서 객관적인 시각을 가진 사람을 자문으로 모셔서 도움을 받으면 더 효과적이다.

평가가 전부다. 우리는 평가에 전력투구해야 한다. 그것만이 장기적인 생존을 보장한다.

생각해보기

☑ 현재 회사의 평가제도에 대해 만족하는가?

☑ 그렇지 않다면 어떻게 개선하고 싶은가?

☑ 평가 결과를 주기적으로 당사자에게 알려주는가?

☑ 잘못된 평가로 엉뚱한 사람이 엉뚱한 자리에 있는 경우가 있는가?

☑ 아이디어를 추가하고 싶은 부분이 있다면?

지속가능한 조직을 만드는 힘

최고의 리더를 키우는 GE의 시스템

GE의 전 회장 잭 웰치가 재임 시절 가장 공을 들인 사업이 있었다. 1983년 많은 비용을 들여 재건한 크로톤빌 연수원이었다. 크로톤빌은 명실공히 최고 인재 확보라는 GE 인사정책의 브레인 역할을 담당해 온 GE의 인재사관학교이다. 잭 웰치는 GE를 떠나기 전까지 빼놓지 않고 한 달에 한두 번은 GE 본사가 있는 코네티컷 주 페어 드에서 헬기를 타고 크로톤빌로 날아가 강의와 토론을 진행했다. 1년에 최소 30일은 그곳에서 지냈다. 20년간 이 일을 계속했다. 수술 때문에 딱한 번 빠졌을 뿐이다.

이 같은 관심은 제프리 이멜트 회장에게도 이어졌다. 이멜트 회장도한 달에 두 번은 반드시 크로톤빌을 방문해 이곳에서 교육받고 있는 GE의 차세대 리더들과 토론을 벌인다.

GE 인사관리의 핵심은 '세션 CSession c'다. 세션 C는 임직원의 능력과 업적 평가를 통해 급여 인상, 승진, 교육 파견, 주요 직책 승계 가능성 등을 따지는 과정이다. 사업부, 직급별로 모든 임직원을 A, B, C 세 등급으로 나누는 것도 이 과정을 통해서다. A등급은 B등급에 비해 2배 이상의 급료와 스톡옵션, 승진 기회를 제공받는다. 반면 하위 10퍼센트의 C등급을 받은 사람은 재교육이라는 구제 장치가 있기는 하지만 회사를 떠날 각오를 해야 한다. 회장은 매년 4, 7, 11월 세 차에 걸쳐 열리는 세션 C 회의에 하루 종일 참여해 사업부별 현안과 실천계획을 직접 점검한다.

세션 C는 GE의 차세대 리더를 골라내 기르는 과정이기도 하다. 상위 500개 관리직이 이른바 '체스판' 방법을 통해 배치된다. 체스판에 놓을 말을 고르듯 각각의 자리에 후보자 명부를 미리 만든 뒤 자리가 비면 채용 담당자가 명단에서 최종 선발한다. 회장은 세션 C를 통해 얻어진 인사 정보를 활용해 후보자 명부 작성에 직접 관여한다.

세션 C라는 명확한 절차가 있기는 하지만 GE의 인재 관리는 제도와 형식을 통해서만 이루어지는 것이 아니다. 임원개발팀의 매니저는 "모든 회의, 비공식 회합, 심지어 회장과 같이 엘리베이터를 타는 그 순간도 인사 평가의 과정이라고 생각해야 한다"고 말한다. 다양한 환경에서 사람을 평가해야 제대로 된 인재 관리가 가능하다는 것이다. 이 때문에 임원들은 긴장을 늦추지 못한다.

잭 웰치는 400명에 이르는 상급 임원들의 이름과 얼굴은 물론 이들의 별명, 습관까지 파악하고 있었다. 임원 개개인에 대한 이러한 관심은 이멜트 회장도 잭 웰치에 못지않다. 이멜트는 해외 사업장을 방문할 때마다 각 사업장에서 선발된 A급 인재들을 만나는 시간을 별도로 갖는다.

경영에서 인재만큼 중요한 것은 없다. 만약 GE가 잭 웰치를 회장으로 선발하지 않았다면 지금의 GE는 어떻게 되어 있을까? 생각조차 할 수 없는 일이다. 잭 웰치를 선발한 사람은 레그 존스 전 회장이다. 그는 관료주의가 GE를 위험에 빠뜨렸다는 사실을 직감하고 이를 바꿀 인물로 잭 웰치를 선택했다. 1982년 하버드대학 강연회에서 그는 "후임자를 선발할 때 자신과 비슷한 사람을 찾아서는 안 됩니다. 변화된 환경에 적합한 사람을 찾아야 하고 웰치가 그런 사람입니다"라고 얘기했다. 참으로 지혜로운 사람이 아닐 수 없다.

사실 잭 웰치는 성격이 급하고 직설적이라 회사 내에 적이 많았다. 말도 마치 따발총을 쏘듯 했다. 회장감으로는 부족한 면이 있었다. 그 자신도 이런 사실을 알고 자신의 멘토에게 자문을 받기도 했다. 하지만 관료적이고 느려터진 거대한 공룡조직 GE를 혁신하기 위해서는 이런 인물이 반드시 필요했다.

자신의 경험을 통해 인사의 중요성을 누구보다 잘 알고 있던 잭 웰치도 차기 CEO 선발에 많은 에너지를 쏟았다. 임기를 7년이나 남겨놓은 1994년부터 후계자 선발 작업에 착수했다. 잭 웰치는 GE 내 모든 임원들의 파일을 뒤져 23명의 후보를 추려낸 뒤 1998년 말 이 중 3명을 최종 후보로 압축했다. 그리고 2년에 걸친 경쟁 끝에 최고의 적임자로 제프리 이멜트를 선발했다.

지금도 GE 내 각 사업부문 사장들의 가장 중요한 일은 인재 관리다. 세션 C에서 A를 받은 사람이 회사를 떠나면 사장은 곧바로 회장의 질책을 받는다. 이런 관리 덕분에 A고과를 받은 인재가 GE를 떠나는 비율은 1퍼센트가 채 안 된다고 한다.

지속가능한 조직을 만들고 싶은가? 가장 먼저 인재 관리에 힘써라.

생각해보기

- ☑ 세션 C 같은 프로세스가 당신 회사에 있는가?
- ☑ 평가에 충분한 시간을 투자하고 있는가?
- ☑ 인재 양성과 관리를 작은 일로 간주하고 있지는 않은가?
- ☑ 각 관리자로부터 주기적으로 승진 후보자의 추천을 받고 있는가?
- ☑ 핵심 인재를 격려하고 보상과 인센티브를 주고 있는가?

CEO부터
교육하라
일류기업의 교육 방향

기업체 임직원들을 대상으로 강연을 다니다 가끔 곤란한 요청을 받을 때가 있다. '회사가 희망이다'를 주제로 회사와 직원 개인의 비전이 일치되게끔 해달라거나 충성심을 고취시켜 달라는 것이다. 별 주제 없이 그저 좋은 얘기를 해달라는 주문도 받는다. 곤혹스럽다. 이런 식의 교육은 효과를 보기 어렵다. 들을 때는 그럴듯하지만 끝나고 나면 실제 업무로 이어지지 않는 경우가 다반사이기 때문이다.

교육은 가장 중요한 투자 중 하나다. 비용과 시간을 투입하기 때문에 전략적이어야 한다. 그리고 회사 방향과 일치해야 한다. 명확한 목적이 있어야 하고, 목적에 부합해야 하고, 끝난 후 성과를 확인해야 한다.

필자가 생각하는 바람직한 교육 방향은 이런 것이다.

첫째, 가장 중요한 교육 대상자는 CEO이다. 많은 CEO가 변화의 필요성을 강조하면서 교육을 부탁한다. 직원들이 변해야 하는데 도통 변할 생각을 하지 않으니 큰일이라는 식으로 말한다.

하지만 가만히 들여다보면 가장 큰 장애물은 CEO 자신인 경우가 많다. CEO가 변하면 직원들은 쉽게 변한다. 따라 하지 않을 도리가 없기 때문이다. 반대로 직원들은 변화에 대한 교육을 실컷 받았는데 CEO가 변하지 않고 임원들이 예전 방식을 고집하면 직원들은 좌절한다. 냉소적으로 변한다. 오히려 교육을 하지 않으니만 못하다.

그렇기 때문에 늘 CEO가 가장 많이 공부해야 한다. 책도 읽고, 강의도 듣고, 전문가를 찾아가 조언도 구해야 한다. 직원들 눈에 비친 객관적인 자신의 모습도 주기적으로 피드백 받아야 하고, 자신의 비전이 직원들에게 전달되었는지도 파악해야 한다. 만일 생각대로 되지 않은 것을 알았다면 그 이유를 파악해야 한다.

둘째, 임원과 매니저 교육에 충실해야 한다. 유능한 직원들이 회사를 떠나는 가장 큰 이유는 무능한 상사 때문이다. 새로운 아이디어를 활발히 내던 직원이 갑자기 의욕을 잃고 시키는 일이나 하는 사람으로 바뀌는 것도 관료적인 상사 때문이다. 맹장 밑에 약졸은 있을 수 없다. 팀의 성과는 팀장 실력에 달려 있다.

이왕 교육을 할 거면 직급이 높은 순서대로 받는 것이 낫다. 그런 다음에 여유가 있으면 하위 직급으로 확대하면 된다. 하지만 현실은 다르다. 직급이 낮은 직원들이 상대적으로 많은 교육을 받는다. 신임 대리 교육,

전산 교육…. 거꾸로 일정 직급에 올라가면 교육과는 완전히 담을 쌓는 경우가 많다. 바쁘다는 핑계로, 감히 내게 가르칠 사람이 누가 있느냐, 나보다는 직원이 급하다며 교육을 회피한다.

임원이 교육을 받고 그 내용을 직원에게 전달하거나 행동으로 보여주면 그 조직은 저절로 쫓아온다. 그게 바로 '폭포수 효과'다. 폭포가 아래로 떨어지듯 윗사람이 아랫사람에게 전수하는 것이다.

그래서 글로벌 기업은 매니저 교육에 많은 시간과 비용을 투입한다. 매니저의 역할이 무엇인지, 어떤 것이 바뀌어야 하는지, 필요한 스킬과 지식은 무엇인지, 시간 관리는 어떻게 달라져야 하는지…. 그리고 얼마 후 A/S 교육을 한다. 배운 대로 한 결과가 어떤지, 잘되는 부분은 무엇이고 잘되지 않는 부분은 무엇인지, 이유는 무엇이라고 생각하는지…. 일정 시간 후에는 매니저 심화 과정을 진행한다. 교육도 강의식이 아니라 생각하고, 토론하고, 발표하고, 역할 연기를 하는 등 참여 방식으로 전개한다. 이런 과정을 거치면서 능력 있는 매니저로 성장한다.

셋째, 목적이 분명해야 한다. 교육의 주된 목적은 행동의 변화이다. 새로 CEO가 된 김 사장은 늘 일찍 나와 직원들의 행동을 주시한다. 한번은 담배꽁초와 휴지가 떨어져 있는 것을 보고도 가만히 놔둔 채 멀리서 지켜보았다. 단 한 사람도 줍는 사람이 없었다. 무거운 짐을 들고 가는 직원을 누가 돕는가도 지켜보았다. 여기저기 전화를 걸어 몇 번 만에 전화를 받는지, 목소리의 톤은 어떤지도 들어보았다. 다 실망스러웠다. 그는 직원들의 행동을 바꾸고 싶었다.

이처럼 교육을 통해 얻고 싶은 것이 명확할 때 효과가 나타난다. 그래야 교육이 질적이고 체계적으로 이루어질 수 있다. 그래야 행동의 변화를 이끌어낼 수 있다. 이것이 진정한 교육이다. 교육을 받은 후 하나라도 행동에 변화가 생기면 그 교육은 영양가가 있는 것이다.

교육은 강의장에서만 이루어지는 것이 아니다. 오히려 현장이 가장 좋은 교육의 장이 될 수 있다. 그런 의미에서 CEO의 역할, 임원과 팀장의 역할이 중요하다. 그들이 가장 훌륭한 강사가 되어야 한다는 것이다. 어떤 분은 CEO의 E를 교육을 뜻하는 Education으로 해석한다. CEO의 가장 중요한 역할은 가르치는 것이라는 말이다.

미 해병대에서는 실전에서 탁월한 실력을 발휘한 장교들이 고급 장교나 장성으로 승진하려면 반드시 해병대 훈련캠프의 교관으로 2년간 근무해야 한다. 신병들에게 현장감 있는 훈련을 시켜 실전에 강한 병사들로 만들기 위해서이다. 또 남을 가르쳐봐야 실전에서 익힌 경험과 지혜들이 완전히 자기 것이 된다고 믿기 때문이다. 이것이 바로 교학상장敎 相 長이다. 가르침과 배움이 서로 성장을 시켜준다는 뜻이다. 가르치다 보면 자신에게 부족한 면을 깨닫고 노력하게 된다. 히브리어에서 '가르친다'와 '배운다'를 하나의 동사 '라마드'로 쓰는 것도 같은 맥락으로 해석할수 있다.

교육에 참석하는 CEO를 보면 그가 교육에 대해 어떻게 생각하는지를 알 수 있다. 어떤 CEO는 아예 얼굴도 내밀지 않는다. 계획에는 있지만 슬며시 다른 임원이 와서 역할을 대행하는 경우도 있다. 교육이 우선순위에서 밀려나고 있다는 증거다. 반면 처음부터 끝까지 자리를 지키는 CEO도 있다. 직접 오프닝도 하고 마지막 정리도 한다. 시간을 내서 직접

특강을 하는 CEO도 있다.

대한민국에서 가장 교육시간이 많은 기업으로는 삼성전자, 유한킴벌리, 엘지CNS 등이 손꼽힌다. 모두 초일류기업이고 교육을 위해 시간과 비용을 아낌없이 투자하는 기업들이다.

세계적인 기업의 CEO들은 하나같이 교육을 최우선으로 한다. 잭 웰치의 사무실에는 '전략보다 사람이 우선한다People First, Strategy Second'는 격언이 붙어 있고, 삼성의 이건희 회장도 "내 업무의 절반 이상을 인재에 쏟겠다"고 강조했다.

교육은 회사의 모든 것을 말해 준다.

생 각 해 보 기

- ☑ 위 내용에 대한 당신의 느낌은?
- ☑ 공감하는 점과 그렇지 않은 점이 있다면?
- ☑ CEO에 대한 교육은 어떻게 하고 있는가? 만족하는가?
- ☑ 1년 평균 교육 시간은 얼마인가? 만족하는가?
- ☑ 교육에 대한 투자 대비 효과는 어떻다고 생각하는가?

Teaching이 아니라
Education이다
성과를 내는 기업 교육법

 로봇을 제작해서 판매하는 싸이맥스의 김성강 대표는 직원 교육에 목숨을 걸다시피 한다.

"저희 같은 중소기업에는 우수한 사람들이 오지 않습니다. 왔다가도 얼마 안 있어 그만둡니다. 하지만 업 자체가 지식 집약적이기 때문에 우수한 사람들 없이는 생존이 불가능합니다. 그래서 생각한 방법이 바로 직원 교육입니다. 그 외에는 방법이 없다고 판단한 것이지요. 제 비전은 최고로 우수하지는 않지만 그런대로 쓸 만한 사람들을 채용해 교육을 통해 그들을 정예부대로 키우는 것입니다."

교육은 밝은 미래로 들어갈 수 있게 해주는 여권이다. 그리고 여권은 늘 미리 준비해 놓지 않으면 안 된다.

교육의 중요성은 익히 알고 있어도 막상 실천하기는 쉽지 않다. 성과와 연결하기란 더욱 어렵다. 방법을 모르기 때문이다. 필자가 생각하는 기업 교육의 방법론을 5가지로 정리, 소개한다.

첫째, 전사적 측면에서 접근해야 한다. 교육을 하러 갈 때마다 느끼는 점 가운데 하나는 그 회사에 관한 전체적인 그림이 잘 떠오르지 않는다는 것이다. 교육 담당자조차 이 문제를 생각해 보지 않은 경우도 있다. 교육을 통해 성과를 거두려면 회사가 어떤 방향을 추구하는지, 이 교육을 회사 비전과 어떻게 한 방향으로 정렬시킬지를 명확히 해야 한다.

맹목적인 교육의 가장 큰 부작용은 직원들에게 내성만 키워주는 것이다. 교육을 통해 변화를 가져오는 것이 아니라 강사가 어떻다느니, 다 아는 얘기라느니 하면서 모두가 평론가로 바뀌게 된다.

둘째, 전략적이어야 한다. 교육도 경영이다. 최소의 비용과 시간을 투자해 최대의 효과를 거두어야 한다. 그것은 회사 상황에 따라 달라질 수 있다. 주어진 예산을 1/n해서 직급별로 교육할 수도 있고, 반대로 어느 계층에 좀 더 많은 투자를 할 수도 있다. 주어진 예산 안에서 윗사람이 시키는 대로 '요즘 잘나가는 강사를 섭외해서 교육하는 것은 비효과적이다. 좋은 얘기를 재미있게 하니까 그럴듯한 교육이 이루어진 듯싶지만 나중에 보면 남는 게 아무것도 없다.

개인적으로는 상후하박上厚下薄을 선호한다. 즉 매니저급 이상에 좀 더 많이 투자하고 그들이 직원 교육을 하게 하는 것이다.

셋째, 교육을 차별화와 동기부여의 수단으로 사용해야 한다. 아무런 니즈가 없는 사람들에게 교육을 하는 것은 무의미하다. 회사에도, 본인에게도 큰 낭비가 아닐 수 없다. 자신의 의지와 상관없이 인질로 끌려온 사람이 교육에 관심이 있을 리 만무하다. 그러다 보니 액션러닝, 롤플레잉, 게임 같은 참여식 교육을 하기 어렵다. 그들은 제발 자기들을 가만히 내버려두고 알아서 강의나 해달라고 호소한다. 그러다 보니 재미 위주로 교육을 할 수밖에 없다. 불특정 다수를 대상으로 하는 교육의 폐해다.

교육을 질적으로 바꾸어야 한다. 특히 리더십 교육은 달라야 한다. 리더십은 리더의 역할을 할 만한 사람만 전략적으로 선발하여 교육시켜야 한다. 대신 제대로 시켜야 한다. GE의 경우는 10퍼센트 정도만을 대상으로 리더십 교육을 시키는데 여기에 선발된 것 자체가 본인에게는 영광이다.

넷째, Teaching, Training, Education을 구분해 적절하게 사용해야 한다. Teaching은 있는 사실, 아는 사실을 가르쳐주는 것을 의미한다. 예를 들어 자전거 타는 법, 젓갈 담그는 법을 가르치는 것 등이다. Training은 훈련을 뜻한다. 반복 훈련으로 몸에 배게 하는 것이다. 이해보다는 반복을 통해 원하는 행동을 하게끔 하는 것을 의미한다. Education은 스스로 배우고 깨닫게 하는 것을 의미한다. 사람들이 이미 알고 있는 것을 끄집어내고, 하나를 가르쳐주면 열을 알게 하는 것이 교육이다.

기업 교육은 3가지가 다 필요하다. 특히 높은 직급을 대상으로 하는 교육일수록 일방적인 강의보다 스스로 깨닫게 하는 교육이 필요하다.

다섯째, 리더 스스로 교육자가 되어야 한다. 조직은 그런 교육자를 많이 만드는 역할을 해야 한다. 가르칠 역량이 있는 사람을 리더로 세워야 한다.

교육 하나로 세상을 바꿀 수는 없다. 하지만 교육 없이 세상을 바꿀 수는 없다. 김홍수 장성군수는 "세상을 바꾸는 건 사람이고, 사람을 변화시키는 건 교육이다"라고 말한다. 하지만 교육은 당장 효과가 나타나지 않는다. 그렇기 때문에 불황이 닥치면 기업들이 가장 먼저 줄이는 것이 교육 관련 예산이다. 그런 경영자에게는 "경기가 좋을 때는 교육 예산을 2배로 늘리고, 나쁠 때는 4배로 늘려라"라는 톰 피터스의 말을 들려주고 싶다.

생 각 해 보 기

☑ 교육 방법을 읽고 느낀 점은?

☑ 공감하는 점과 그렇지 못한 점은?

☑ 당신 회사만의 교육 방법이 있다면?

☑ CEO가 직접 교육을 하고 직원 교육에 열성적으로 참여하는가?

☑ 그렇지 않다면 그 이유는 무엇인가?

절대
타협하지 마라
기적을 낳은 도요타 훈련법

　　도요타 렉서스는 자동차업계의 신화이다. 처음 미국에 진출해
서는 깡통차란 별명으로 망신을 당하고 시장에서 철수했던 도
요타가 일반 승용차시장을 석권했을 때 미국인들은 그런가 보다 정도로
반응했다. 그런데 도요타가 최고급 승용차 렉서스를 내놓자 미국인들은
의아해했다. 하지만 소음 없지, 디자인 좋지, 성능 좋지, 가격까지 싸다
는 소문이 나면서 미국인들의 마음을 사로잡았다. 광고도 멋졌다. 조용
하다는 것을 주지시키기 위해 렉서스 위에 와인을 가득 채운 잔을 층층
이 쌓고 시동을 거는 데 잔이 미동도 하지 않는 모습을 보였다. 렉서스
열풍이 미국을 휩쓸자 미국 언론은 "벤츠와 BMW에 악몽 같은 존재"라
며 호들갑을 떨었다.

　　렉서스가 성공한 이유 중 하나는 프로젝트 리더인 스즈키 이치로이다.

그가 없었다면 오늘날의 렉서스가 존재하지 못했을 것이다. 그는 2가지 철학을 갖고 있었다. 하나는 '절대 타협하지 마라'이고 다른 하나는 '기본으로 돌아가라'였다.

처음 프로젝트를 시작할 때 그가 내놓은 목표는 실현 불가능해 보였다. 그렇지만 그 목표를 달성하지 않고는 독일의 명차를 따라잡을 수 없었기 때문에 이치로는 강하게 밀어붙였다. 목표는 5가지 분야에서 최고가 되어야 한다는 것이었다. 최고 속도, 연비, 조용함, 공기 역학, 무게가 그것이다. 최고 시속은 222킬로미터 이상, 연비는 갤런당 19마일리터당 8킬로미터 이상, 무게는 1.76톤 이하, 실내소음은 100킬로미터 속도로 달릴 때 61데시벨 이하, 공기저항은 0.32 이하가 목표였다. 한마디로 5가지 분야에서 벤츠와 BMW를 능가하는 것이 목표였다. 도저히 이루기 힘들 것 같았다. 무엇보다 스포츠카에서나 볼 수 있는 0.32의 공기저항은 도저히 이룰 수 없는 목표였다.

모든 엔지니어들이 그중 한두 가지는 달성할 수 있지만 모두 달성하는 것은 모순이라고 거세게 항의했지만 스즈키는 이를 무시했다. 결과는 어땠을까? 모두 달성했다. 대형 승용차가 그 무게를 유지한 채로 낮은 연비를 달성했고, 스포츠카 수준의 공기저항을 만들어냈다. 당연히 소음도 적었다. 그런저런 것들이 모여 렉서스의 기적을 이룬 것이다. 스즈키는 렉서스의 아버지가 되었다.

"경영진은 엔지니어에게 가장 높은 기준을 요구했습니다. 저 또한 높은 목표를 요구했습니다. 처음에는 모두 반대했지요. 물론 100퍼센트 완벽한 적은 없었지요. 어쨌든 한때 불가능해 보였던 과제를 성취하는 데 필요한 기술적 쾌거를 이루었습니다."

스즈키의 말이다. 그가 발견한 가장 위대한 사실은 불가능해 보이는 목표를 달성하는 과정에서 배우는 자신감, 리더십이 중요하며 이런 고난을 통해 사람도 발전하고 조직도 성장한다는 것이었다.

스즈키는 당시 직원들로부터 어떤 평가를 받았을까? 별로 좋은 평가를 받았을 것 같지는 않다. 어려운 목표, 타협 없음, 밀어붙이기…. 하루하루가 고달프고 힘들었을 것이다. 하지만 스즈키가 "그래, 너희들 힘든 것 이해한다. 대충대충 하는 데까지만 해라. 목표 달성 못한다고 도요타가 망하겠느냐"고 타협했다면 어땠을까?

도요타가 2010년 초 초대형 리콜 사태로 상당한 파장을 불러일으키며 곤경에 처하기는 했지만 목표를 향한 리더의 정신과 직원 훈련은 귀감으로 삼을 만하다.

리더의 가장 중요한 역할은 역시 사람을 훈련시키는 것이다. 훈련은 일을 통해서 이루어진다. 힘든 목표를 주고, 훈련시키고, 일신우일신하게 만드는 것이다. 그래야 성장할 수 있고 다른 곳에서 또 다른 기회를 가질 수 있다. 한때 미국의 로펌에서 파트너 변호사로 일했던 전성철 세계경영연구원 이사장은 이 점에 대해 이렇게 얘기한다.

"파트너의 가장 중요한 임무 중 하나는 바로 어소시에이트의 훈련과 평가다. 훈련을 제대로 시키지 않으면 결국 그것이 펌 전체에 부담으로 다가오게 된다. 왜냐하면 고객들이 불평을 하게 될 것이기 때문이다. 또 자질이 부족한 사람은 빨리빨리 도태시켜야 한다. 그런 사람이 점점 더 큰 책임을 가지게 되면 사고가 날 가능성이 있기 때문이다. 변호사라는 직업은 고객의 생명과 재산을 다루는 직업이다. 계약서에 단어 하나가 잘못 들어가면 수백 수천만, 때로는 수억 달러의 돈이 왔다 갔다 한다.

제대로 훈련되지 않은 사람은 위험 부담이 높다."

　인생에는 2가지 고통이 있다. 하나는 훈련의 고통이고, 또 하나는 후회의 고통이다. 훈련의 고통은 가볍지만 후회의 고통은 막중하다.

생 각 해 보 기

☑　스즈키 이야기를 듣고 느낀 점은?

☑　공감하는 것과 그렇지 않은 것은?

☑　직원들에게 높은 요구를 하는 편인가?

☑　직원들의 반발이 있다면 이를 어떻게 다루는가?

☑　초반에 조였다 나중에 풀어주는 스타일인가? 아니면 반대의 스타일인가?

열심히 하는데
성과가 없다?
현명한 인재 배치에 대하여

일주일에 80시간 이상 일해도 성과를 내지 못하는 경영자들이 있다. 소리 지르고 야단치고 잔소리를 해도 나아지지 않는다는 경영자들도 있다. 일하는 방법을 모르거나 채용이나 배치에 실패한 사람들이다. 열심히 일하는 것 같지만 자격이 없는 경영자다. 이들은 엉뚱한 곳에 시간과 에너지를 쓴다. 실무자들이 할 일을 직접 한다든지, 중간관리자들이 사고 친 것을 수습한다든지, 그들이 한 일을 믿지 못하고 점검한다든지, 실행력이 전무한 사람과 함께 전략을 세운다든지, 영양가 없는 외부 활동에 힘을 쓴다든지….

열심히 일하는데도 성과가 나지 않는 이유는 엉뚱한 사람을 엉뚱한 자리에 앉혀놓고 멋진 전략을 수립하게 한 다음 그것이 성공하기를 기대하기 때문이다. 한눈에 보기에도 도저히 그 자리에 맞는 사람이 아닌데, 뭔가 해주기를 몇 년씩 기다린다. 참 딱한 일이다. 문제의 원인인 사람을 그 자리에 두고 아무리 다른 일을 열심히 해봐야 결과는 뻔하다. 일이 제대로 되면 오히려 그것이 이상하다. 원인 제공자를 교체하는 것이 답이다. 적합한 사람을 찾아 그 자리에 앉혀야 한다.

그렇기 때문에 뭔가 일이 꼬일 때 가장 먼저 해야 할 일은 지금 그 사람이 그 자리에 적합한 사람인지를 냉정하게 자문해 보는 것이다. 혼자서 확신이 서지 않으면 내부 사정을 아는 믿을 만한 사람에게 같은 질문을 던져야 한다. 그런데 사람들은 그런 질문을 잘 하려 들지 않는다. 왜일까?

첫째, 지식이 부족하기 때문이다. 그 자리에 어떤 사람이 적합한지, 지금 일하고 있는 사람이 그 자리에 맞는 사람인지 생각하지도 않고, 아는 것도 없고, 알려고도 하지 않는다.

둘째, 용기가 부족하기 때문이다. 그 자리에 그 사람이 적합하지 않다는 생각이 들어도 그것을 해결하는 일은 쉽지 않다. 어려운 얘기를 꺼냈는데 상대가 저항할까 두렵기도 하다. 그러다 보니 차일피일 시간을 끌면서 자기합리화를 한다. '그래도 저만큼이라도 하는 사람은 드물 거야' '다음에는 잘할지도 몰라' 하며 공허한 기대를 품는다. 하지만 혹시나 하는 기대는 역시나로 끝난다.

셋째, 자신이 편하고 싶은 이기심 때문이다. 일은 못하지만 자기와 잘 맞는 사람과, 반대로 일은 잘하지만 자기와 맞지 않는 사람 중 누구를 고를 것 같은가? 많은 사람이 전자를 고른다. 능력은 다소 떨어져도 자신과 궁합이 잘 맞는 사람과 일하는 것이 편하기 때문이다. 사사건건 부딪치고 따지는 사람은 피곤할 것이다. 하지만 그렇게 해서 좋은 성과를 내고 위험에 대처하기란 불가능하다.

넷째, 개인적인 노력 부족이다. 바깥으로만 돌아다니는 경영자가 있다. 내부인들하고는 정기 미팅 외에는 만나지도 않고 밥도 먹지 않는다. 그러다 보니 직원들 누구나 다 아는 정보도 모르고 직원에 대한 애정도 없다. 직원에 대한 정확한 정보가 있어야 자리 교체도 하고 적합치 않은 사람을 그만두게 할 수도 있다. 적재적소에 배치하기 위해서는 후보자에 대한 많은 정보가 필요하다. 많은 시간과 에너지를 여기에 쏟아야 한다.

현명한 배치의 출발점은 사람에 대한 지식이다. 전문성, 대인관계, 고객과의 관계, 술자리에서의 행동, 사생활 등을 알고 있어야 한다. 결코 쉬운 일이 아니지만 제대로 알아야 어떤 자리에 어떤 사람이 적합한지 정할 수 있다.

다음으로 사람에 대한 정보를 종합하고 이를 실제 인사에 반영할 수 있는 시스템을 만들어야 한다. 최종 의사결정은 최고경영자가 하는 것이지만 의사결정의 품질을 높이기 위한 절차가 필요하다. 각자 알고 있는 개인에 대한 정보를 모으고, 미처 몰랐던 정보를 교환하고, 어떤 사람이 적합한지를 논의하는 자리를 마련해야 한다.

후보자를 잘 아는 몇 사람이 모여 서로 관찰한 결과를 비교해 보고 질의응답을 통해 세부적인 부분을 파악하면 최선의 결과가 나올 수 있다. 한 사람의 말을 그대로 받아들이지 말고 검증해 보아야 한다. 임원진을 소집단으로 나눈 후 한 번에 한 명의 리더 후보에 대해 토의

하고 그 후보의 긍정적 측면을 5가지씩 찾도록 하는 것도 방법이다. 이런 식이다. "부서의 한계를 넘어 큰 그림을 볼 줄 안다. 큰 과업을 관리 가능한 세부업무로 구분해 구체화할 수 있다. 사람을 지도하고 지식을 공유하는 데 뛰어나다. 수익을 창출하는 법을 알고 있다. 하지만 너무 딱딱하다는 것이 단점이다." 이렇게 할 수도 있다. "그 사람은 개념 정리의 달인이다. 모든 상황에 대해 일목요연하게 정리해 사람들 머릿속에 확실히 각인시키는 재능을 갖고 있다. 하지만 동료와의 협조 부분에서 문제가 있다. 확인 결과 그는 존중하는 사람 앞에서는 훌륭하게 행동했지만, 그렇지 않은 사람에게는 경멸의 눈빛을 보냈다."

미국 전력회사인 DTE에 지는 고유의 전환배치 프로세스를 갖고 있다. 임원들이 먼저 후보자에 대해 토의한다. 후보자의 능력과 잠재력을 평가하고 개선점을 놓고 의견을 나눈다. 또 회사 중역들이 알고 있는 후보의 정보를 자료로 정리하고 이를 공유한다. 정리된 내용에서 다시 공통점을 뽑아 이를 토대로 프로파일을 작성하는데, 독단적이거나 치우친 견해는 배제한다. 하지만 다른 사람들이 보지 못한 새로운 의견에 대해서는 다각도로 검증한다.

대상자의 재능을 파악하고 나면 이들은 그 재능이 적용될 수 있는 분야를 놓고 창의적 토론을 벌인다. 이 회사의 최고경영자 토니 얼리는 프로세스 참석자들에게 잔인할 정도로 정직하고 구체적으로 논의해서 합의할 것을 주문한다. 전환배치에 회사가 총력을 기울이는 것이다.

보통 기업들은 직원을 평가하고 배치를 결정하는 과정에서 과거 실적에만 초점을 맞추는 경향이 있다. 하지만 실적만 보는 것은 매우 위험하다. 특히 결과를 내는 데 많은 시간이 드는 R&D 분야에 이 잣대만을 적용한다면 살아남을 사람이 거의 없다. 단기목표에만 매달리는 나머지 진정으로 회사에 중요한 장기목표 달성은 나 몰라라 할 것이다.

결과 못지않게 살펴봐야 할 대목이 바로 과정이다. 과정에 최선을 다했는지도 봐야 한다. 끊임없이 노력한 사람은 누구인가? 역경 속에서도 굴하지 않고 창조적 역량을 발휘한 사람은 누구인가? 더 나은 결과를 거둘 수 있는 상황에서 손쉬운 승리에 만족하지는 않았는가? 조직의 사기를 해치면서 개인적인 목표 달성에 집착하지는 않았는가? 평가 결과를 놓고 주기적으로 피평가자와 얘기를 나누고 피드백을 줌으로써 피평가자가 자신의 위치, 자신에 대한 평가를 알게 해야 한다.

결과와 함께 과정까지 고려한 평가와 피드백을 통한 배치, 그 속에서 회사도 성장하고 개인도 커나갈 수 있다.

생 각 해 보 기

- ☑ 현재의 직원 배치에 만족하는가?
- ☑ 그렇지 않다면 어떤 부분에 만족하지 못하는가?
- ☑ 그 사람이 적합하지 않다는 걸 알면서도 그 자리에 앉히는 경우가 있는가?
- ☑ 왜 그런 일이 벌어지는가?
- ☑ DTE에너지 같은 프로세스를 갖고 있는가?

일등이 되려면
강점에 집중하라
일등 조직을 만드는 비결

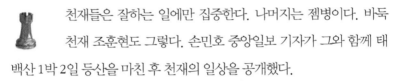

천재들은 잘하는 일에만 집중한다. 나머지는 젬병이다. 바둑 천재 조훈현도 그렇다. 손민호 중앙일보 기자가 그와 함께 태백산 1박 2일 등산을 마친 후 천재의 일상을 공개했다.

천재의 일상은 어처구니없을 정도로 미숙했다. 이를테면 휴대전화가 없고, 자기 신체 사이즈도 모르고, 운전도 할 줄 모르고, 집에서 못질 한 번 안 해봤고, 이메일도 없다. 일상의 한 토막이다.

"집에서 이사를 하잖아. 그럼 아침 일찍 집에서 쫓겨나. 마누라가 나가라고 등을 떠밀어. 내가 짐을 싸면 자기가 다시 싸야 하거든. 되레 방해만 된다는 거야. 마누라가 다 알아서 해주니까 편하기는 한데 후회하는 게 하나 있어. 은행 다니는 게 귀찮아 통장하고 도장을 다 넘겨줬잖아. 그게 지금은 영 아쉬워. 옴짝달싹 못하잖아."

그는 무얼로 소일을 할까? 바둑을 두지 않을 때 그는 북한산을 오르거나, 골프를 치거나, 방에 틀어박혀 무협지를 읽거나, 친구들과 논다. 여기서 논다는 노름의 동의어다. 조훈현이 놀 줄 모르는 노름은 지구상에 없다. 화투와 카드로 노는 온갖 종류의 노름에 통달했고 한때 경마와 마작에 심취했다. 한 번도 둔 적 없는 체스로 세계 체스챔피언과 붙어 이겼다. 그는 땄을까?

"아니 딸 만하면 안 해. 재미가 없거든. 내가 돈 벌려고 노름했나? 놀려고 한 거지. 정해진 규칙에 따라 승부를 하는 그 순간을 즐겼을 뿐이야."

기단에서 조훈현의 별명은 승부사다. 하지만 그건 그가 좋아하고 강점을 보이는 무대에서만 해당되는 얘기다. 다른 분야에서는 완전 낙제생이다. 성공한 사람들은 이처럼 자신의 강점을 발견하고 거기에 힘을 집중한 사람이다.

인사도 마찬가지다. 직원의 강점을 발견하고 강점을 살릴 수 있게 하는 것이 최선이다. 만년 하위팀 기아는 2009년 정규리그 1위를 차지했다. 그 핵심에 LG에서 방출된 김상현이 있었다. 그는 힘도 좋고 타격도 괜찮은데 수비가 약하다는 약점 때문에 프로에 와서 자신의 역량을 제대로 발휘하지 못했다. 하지만 기아에 와서는 달라졌다. 김조호 단장이 이렇게 말했기 때문이다.

"수비는 못해도 좋다. 방망이만 잘 치면 된다."

뭔가 궁합이 잘 맞고 자신을 알아준다는 생각이 들었다. 이후 약점인 변화구도 잘 치게 되었다. 결과는 3개 부문 일등이었다. 홈런 36개, 타점 127, 장타율 6할 2푼 8리로 모두 일등이었다. 그동안 수비 약점을 보완하려다 보니 강점조차 살릴 수 없었는데 그를 알아본 리더 덕분에 단점 대신 강점에 집중한 결과다.

단점을 보완할 수는 있다. 하지만 그런다고 일등이 될 수는 없다. 일등이 되는 길은 강점에 집중하는 것이다. 김상현은 수비를 신경 쓰지 않는 대신 타격에 신경을 써 성과를 냈다.

강점에 집중하여 배치하는 것이 인사의 고수다. 약점이 없는 인재보다 각 부문에서 특출한 재능을 가진 인재를 발굴해서 양성하는 것이 백배 낫다. 평범한 사람을 채용해서 거둘 수 있는 최대의 성과는 사고를 치지 않는 것이다.

링컨 대통령은 강점 인사의 대부라 할 수 있다. 그는 전쟁의 귀재인 그랜트 장군을 중용했다. 하지만 장군은 술을 지나치게 좋아한다는 단점 때문에 씹는 사람이 많았다. 이에 대한 링컨의 대응이다.

"술을 많이 마신다고? 그럼 무슨 술을 좋아하는지 알아와. 그 술을 보내게."

이 한마디로 그는 그랜트 장군의 강점만을 산다는 사실을 명확하게 했다. 강점을 살리면 되지 한두 가지 단점까지 들출 이유는 없다는 것이다.

자신에게 맞지 않는 일을 했던 경험을 누구나 갖고 있을 것이다. 포워드에 맞는 사람에게 센터 역할을, 기타리스트에게 키보드 연주를, 가르치는 것을 좋아하는 선생에게 서류작업을, 요리를 싫어하는 주부에게 부엌일을… 이렇게 되면 무슨 일이 일어날까? 역효과만 난다. 차라리 시키지 않는 게 좋다.

최고의 권위자로만 구성된 팀이 최고의 성과를 내는 것은 아니다. 스타로만 구성된 팀이 늘 우승을 하는 것도 아니다. 이런 팀으로 대작을 완성할 수는 없다. 자존심 싸움이 심하고 주도권 경쟁에 정신을 팔기 때문이다. 최고의 팀은 주특기가 다르고 성격이 다른 사람들이 강점을 발휘하고 서로의 단점을 보완할 때 탄생한다.

인사는 '사람은 모두 다르다'는 인식에서 출발해야 한다. 좋고 나쁘고의 문제가 아니다. 어떤 사람은 혼자 일할 때 성과를 내지만 어떤 사람은 여럿이 함께 일하는 것을 좋아한다. 긴장감이 있는 상태를 좋아하는 사람이 있는 반면 어떤 사람은 편안해야 제 실력을 발휘한다. 리더로 일할 때 신이 나는 사람이 있고 구성원으로 일하는 것을 좋아하는 사람도 있다. 어려운 의사결정을 해내는 것을 좋아하는 사람이 있는 반면 그런 자리를 고통스러워하는 사람도 있다. 이처럼 모든 사람은 각각 강점과 약점이 있다.

인사는 강점에 따른 배치를 통해 최고의 성과를 낳는다.

생 각 해 보 기

☑ 그동안 나는 사람들의 강점에 집중해 왔는가, 아니면 약점에 집중해 왔는가?

☑ 구성원들의 강점과 약점을 기록해 보라.

☑ 사람들의 강점을 어떻게 알아내는가?

☑ 강점을 발휘하는 자리에 있는 사람과 그렇지 않은 사람은 누구인가?

☑ 강점을 살리기 위해 어떻게 재배치하면 최대의 성과를 낼 수 있겠는가?

CHAPTER 07

인재에
목숨을 걸어라

: : 놀라운 실적을 내는 1퍼센트 다루기

천재가 필요하면
불편은 감수하라
스타선수 이해하기

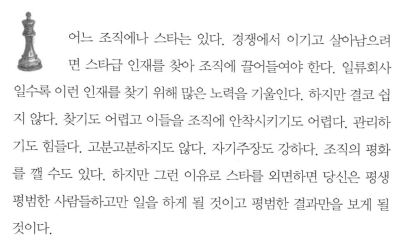어느 조직에나 스타는 있다. 경쟁에서 이기고 살아남으려면 스타급 인재를 찾아 조직에 끌어들여야 한다. 일류회사일수록 이런 인재를 찾기 위해 많은 노력을 기울인다. 하지만 결코 쉽지 않다. 찾기도 어렵고 이들을 조직에 안착시키기도 어렵다. 관리하기도 힘들다. 고분고분하지도 않다. 자기주장도 강하다. 조직의 평화를 깰 수도 있다. 하지만 그런 이유로 스타를 외면하면 당신은 평생 평범한 사람들하고만 일을 하게 될 것이고 평범한 결과만을 보게 될 것이다.

스타에 대한 철학은 사람마다 다를 수 있지만 그에 대한 생각을 정리할 필요가 있다. 그러려면 스타들의 특성을 이해하고 있어야 한다. 이들은 기회비용이 높은 사람들이다. 오라는 곳이 많고 언제든 보따리 쌀 준

비가 되어 있다. 평범하지 않기 때문에 평범한 사람들과 마찰을 일으킬 가능성도 높다.

히딩크는 스타선수를 아주 잘 아는 사람이다. 그의 말이다.

"브라질 출신의 호마리우는 성격이 불같았고 자극에 반응했다. 보통 선수는 그냥 경기에 뛴다. 훌륭한 선수는 다르다. 그런 선수는 성격이 까다롭고 복잡하다. 역설적이지만 그래서 그들은 뭔가를 해낸다. 스포츠에서 그런 까다로운 선수를 이끄는 게 프로 매니저다. 그런 선수를 뽑지 않으면 구단 운영에는 좋을 것이다. 그러나 성공 역시 없다.

개성이 강한 선수는 게임에서 뭔가를 만들어낸다. 감독으로서 그런 선수를 통제하기보다 나머지 선수들과 조화를 이루게 하는 게 중요하다. 걸출한 스타는 결정적인 순간에 뭔가를 해낸다는 사실을 다른 선수들이 받아들이면 팀 조화에 별 문제가 없다. 그걸 조정하는 게 바로 감독의 임무이다.

내가 선수를 다루는 기술은 순전히 경험에서 나왔다. 나는 선수들이 어디까지 감당할 수 있는지 알아내곤 그에 맞춰 팀을 운영한다. 선수의 인격을 무시하는 일은 절대 하지 않는다. 하지만 가끔씩 그들을 자극한다. 교만을 방지하기 위해서이다. 호마리우에게도 그 방법을 사용했다. 너 없이도 얼마든지 이길 수 있다는 걸 보여주었다. 호마리우는 훌륭한 선수였기 때문에 반응했고, 그 결과 놀라운 경기를 펼쳤다. 어떤 선수에게는 역효과가 날 수도 있다. 내 자극에 무너지는 선수도 있다. 안정환도 비슷한 경우다. 그는 대스타였지만 체력에 문제가 있었다. 나는 그를 자극했고 그는 거기에 반응을 보였다."

히딩크의 철학은 심플하다. 다른 사람들로 하여금 스타선수의 역할을 이해하게 하는 것, 그들을 자극하는 방법을 터득하는 것, 하지만 그들이 없어도 조직은 돌아간다는 것을 알게 하는 것 사이의 균형이 그것이다.

런던비즈니스스쿨의 로브 고프 교수팀이 하버드비즈니스리뷰에 '똑똑한 직원 이끌기Leading Clever People'라는 논문을 발표했다. 그들은 머리 좋고 재능 있는 직원들이 자기 주도 성향이 강하다고 지적했다.

똑똑한 직원들은 리더가 그들을 리드하는 것을 싫어한다. 자신의 가치를 잘 알고 있으며 아이디어를 실험하고 실패할 자유를 원한다. 그러면서도 리더와의 공감 또한 바라마지 않는다.

리드당하는 것을 싫어하고 리더보다 더 똑똑한 직원들 때문에 리더는 머리가 아프다. 하지만 글로벌 무대에서 승리하려면 이들이 꼭 필요하다. 특별한 아이디어와 지식으로 무장한 기업만이 치열한 경쟁을 뚫고 나갈 수 있다.

스위스의 거대 제약회사인 로슈의 CEO 프랜츠 허머는 "연구개발이 중요한 산업에 규모의 경제는 존재하지 않는다. 머리를 쓰는 것이 중요한 산업에는 오직 아이디어의 경제만 있을 뿐이다"라고 말한다.

하지만 스타선수를 발굴해 조직에 끌어들이는 것은 장기이식과 같다. 구하기도 어렵지만 몸이 거부반응을 보일 수도 있다. 스타선수로 인해 다른 직원들의 사기가 떨어질 수도 있고, 다른 유능한 직원이 그만둘 수도 있다. 하지만 몸에 잘 적응하면 큰 성과를 낼 수 있다. 성과를 내게 하려면 이들이 조직에 적응할 수 있도록 리더가 신경을 써야 한다. 오길비는 "평범한 사람들은 천재를 매우 싫어하며 심지어 무 뜨리려 한다"면서도 "우리 일은 재능을 대량으로 주입하는 것이다. 일반적으로 체제에 순응하지 않고 반항하는 성향을 지닌 사람일수록 기발한 재능을 가진 경우가 많다"고 말했다.

천재가 필요하면 그들로 인한 불편을 감수해야 한다. 하지만 세상은 그렇게 하지 않는다. 입으로는 천재를 원한다고 말하면서 속으로는 그들이 평범하기를 바란다.

생 각 해 보 기

☑   스타직원에 대한 당신의 인식은 어떤가?

☑   영입한 스타직원이 적응에 실패한 일이 있는가?

☑   있다면 그 원인은 무엇이고 이후 무엇이 달라졌는가?

☑   스타직원을 조직에 적응시키기 위해 가장 필요한 것은 무엇인가?

☑   영입한 스타직원이 혹시 떠날 생각을 하고 있는 것은 아닌가?

스타는 스스로 찾아오지 않는다
스타인재 영입 노하우

스타는 기회비용이 높다. 그렇기 때문에 뭔가 자신과 맞지 않는다고 판단되면 지체 없이 조직을 떠난다. 또 돈을 많이 준다고 해서 그냥 오는 것도 아니다. 제 발로 걸어 들어올 확률은 거의 없다.

미래의 부를 창조해 낼 스타들에게는 피카소 같은 사람을 대하는 자세로 임해야 한다. 즉 인수해야 한다는 생각으로 접근해야 한다. 지적 자산은 적극적인 구애를 통해서만 내 것으로 만들 수 있다.

IBM이 로터스를 인수할 당시 결정적 변수는 레이 오지였다. 그는 당시 베스트셀러인 소프트웨어 로터스 노츠를 설계했던 사람이다. 인수 후에도 그가 계속 근무한다는 협상이 타결된 후 로터스의 인수도 성사될 수 있었다.

소니 게임기의 지존 구타라기 겐도 비슷한 인물이다. 소니의 PS2는 발매 이틀 만에 100만 대를 팔았다. DVD와 게임을 같이 할 수 있게 만든 이 대박 상품을 만든 주인공이 구타라기 겐이다. 특이한 인물이다. 소니 같은 회사에서 무슨 게임기를 만드냐는 분위기에 아랑곳 않고 오래 전부터 소니는 게임기시장에 진출해야 한다고 노래를 부르고 다녔다. 게임기 이름까지 지어놓았다. 사무실에서 쓰는 컴퓨터는 워크스테이션, 놀 때 쓰는 컴퓨터는 플레이스테이션이라는 의미에서 플레이스테이션이라고 지었다.

아이팟의 주인공은 디자이너 조너선 아이브다. 그는 억만금을 준다 해도 절대 내놓을 수 없는 애플의 중요한 자산이라고 스티브 잡스는 말한다. 스티브 잡스는 그에게 인사와 비용에 관한 전권을 주었다. 아이브는 완벽주의자다. 아이팟의 색감을 얻기 위해 몇 달간 사탕공장에서 일을 하기도 했다. 회로기판까지 직접 디자인했다.

닌텐도의 DS와 Wii를 만든 사람은 이와타 사토루다. 야마우치 히로시 회장이 게임에 대한 그의 뛰어난 통찰력을 알아보고 협력업체 출신인 그를 사장으로 영입했다. 이와타 사토루는 "우리의 경쟁자는 소니가 아니다. 우리의 경쟁자는 게임에 대해 막연한 불신감을 갖고 있는 어머니들이다"라고 말했다. 그리고 이런 질문을 던졌다. '게임을 통해 육체와 정신을 건강하게 할 수는 없을까?' 그 결과 대박 상품을 만든 것이다.

기업의 역량은 무엇일까? 그것은 결국 직원들 개개인이 가진 능력의 총합이다. 개인의 중요성이 날로 커지고 시스템이 갈수록 고도화되면서 기업들도 자사의 역량 제고를 위해 직원들 개개인에 대한 평가와 진퇴를 신속하고 효율적으로 결정하려는 경향이 높아졌다. 그 결과, 앞으로는 개인이 가진 자본이 주식처럼 시장에서 거래되는 날이 올지 모른다는 얘기가 나온다. 그러면 HR이 개인의 주식을 사고 파는 인적자본거래소 human capital exchange의 트레이더로 나서게 될 것이다. 직원들은 연간 업무 평가서 대신 1년 동안의 개인 주가변동 기록을 인사부에 제출한다. 연봉 계약이 사라지고 회사가 직원의 주식을 매입하는 새로운 고용 형태가 등장한다.

이미 그런 조짐이 보인다. 현재 금융시장에서 무형물이 유형물에 비해 훨씬 빠른 속도로 성장하고 있다. 무형물의 가치 측정이 아직도 어려운 문제로 남아 있지만, 무형물 측정과 관련해 곧 획기적인 방안이 나올 것이다.

스타를 영입하기 위해서는 옛날 주공을 본받아야 한다. 그는 인재 영입에 목숨을 걸었는데, 그래서 나온 고사성어가 '일목삼착, 일반삼토였다. 그는 하루 70명 이상을 면담했다고 한다.

최고 인재 영입에 공을 들인 리더로는 전 마이크로소프트 회장 빌 게이츠가 대표적이다. 그가 세계적인 소프트웨어 개발자 아눕 굽타를 MS 사람으로 만들기 위해 자신의 특별 전용기로 만찬에 초대하고, 그가 끝내 이직을 거절하자 그의 소속 회사를 통째로 사버렸다는 이야기는 유명하다. 또 '캔디데이트 제너레이터Candidate Generator'라는 인재전담팀을 두고 세계 각지의 인재를 영입하는 일에 혼신의 힘을 다했다.

인재를 중요시하지 않는다고 얘기하는 경영자는 본 적이 없다. 하지만 실제로 인재 영입을 위해 충분히 공을 들이는 사람은 그리 많지 않다. 그러면서 인재가 없다고 불평한다.

스타들은 스스로 찾아오지 않는다. 삼고초려를 해도 올까 말까다. 이
들은 돈 때문에 오는 것이 아니다. 이들은 자기를 알아주고 존중해 주는
사람을 본능적으로 알아본다.

당신은 일목삼착, 일반삼토할 정도로 스타를 영입한 경험이 있는가?

생 각 해 보 기

- ☑ 최근 스타를 영입하기 위해 어떤 일을 했는가?
- ☑ 그 결과 영입에 성공했는가?
- ☑ 영입 후 스타직원을 위해 어떤 노력을 기울이고 있는가?
- ☑ 만약 스타직원이 그만둔다면 회사에 어떤 영향이 있는가?
- ☑ 그에 대한 대비책은 갖고 있는가?

조직의 비雨로부터
스타를 보호하라
회사에 충성하는 스타인재로 만드는 법

인재를 확보하는 것은 전쟁의 절반에 불과하다. 인재가 회사에 충성하고 잠재력을 최대한 발휘하도록 관리하는 것은 또 다른 과제다.

나카무라 슈지는 니치아 화학공업의 스타인재다. 특허를 80건이나 출원했고 이로 인한 매출이 연간 10억 달러에 이른다. 청색 LED도 그가 발명했다. 하지만 회사의 대우는 소홀했다. 과장으로 승진했지만 특별수당은 겨우 2만 엔뿐이었다. 그는 회사를 떠나며 이렇게 말했다. "일본은 사랑하지만, 일본식 시스템에는 실망했다."

기술자 가운데 이런 이유로 의욕을 상실한 사람이 60퍼센트를 넘는다는 통계가 있다. 회사에도 이와 비슷한 일이 얼마든지 벌어진다. 실력을 제대로 평가해주지 않으면 스타는 떠난다. 상사의 리더십이 부족해도 떠난다. 기술과 경험이 부족한 상사는 인재의 의욕을 떨어뜨린다. 어떻게 할 것인가?

첫째, 명확한 평가와 보상이 필요하다. 말은 물론이고 경제적 보상이 따라야 한다.

둘째, 활약할 기회를 주어야 한다. 3M의 15퍼센트 룰이 그렇다. 그들은 자기 시간의 15퍼센트를 회사 업무 외에 자신이 관심 있고 좋아하는 일에 사용할 수 있다. 펀드도 지원받을 수 있다.

셋째, 자부심과 명예를 보장하는 것도 방법이다. IBM은 공인자격증을 수여하고 GE는 명예의 전당에 올린다. 3M은 칼튼 소사이어티의 종신회원으로 선발한다.

마지막으로 인재의 목소리를 듣는 것이다. 그들은 경영자의 관심에 목말라한다. 당신이 그들에게 무관심하면 그들은 회사를 버릴 것이다.

삼성전자가 오늘의 삼성전자가 된 것은 탁월한 인재들을 전격 채용해 그에 맞는 대접을 했기 때문이다. 삼성전자를 만들어 처음으로 일본인을 불러올 때 강진구 사장은 이병철 회장에게 '우리보다 더 많은 돈을 주어야 그 사람이 올 것 같다'고 보고했다. 그러자 회장은 이렇게 답했다.

"주면 되지 뭐가 문제야. 우리보다 나은 사람에게 당연히 더 나은 대접을 해야지."

발탁인사로 스타선수를 인정해 주는 것도 그들이 조직에 뿌리를 내리게 하는 좋은 방법이다. 상식을 뛰어넘는 파격인사는 당사자에게 큰 자부심을 준다. 하지만 그를 바라보는 다른 사람들에게 절망을 줄 수 있다. 경영자들은 그 사이에서 고민한다. '몇몇 사람을 발탁해 조직에 활력을 불어넣을 것인지, 아니면 평범한 인사로 무리 없이 넘어갈 것인지….' 여기서 가장 중요한 점은 누구나 납득할 수 있어야 한다는 것이다. 그다지 기여한 게 없는 것 같은데 동기들보다 몇 년 먼저 진급한다면 사람들은 온갖 종류의 소설을 쓸 것이다. 사기가 땅에 떨어질 수 있다. 측근의 말만 들어서도 안 된다. 실력만 있어서도 안 된다. 누구나 납득할 수 있어야 한다. 맹자도 비슷한 얘기를 한다. "발탁인사가 좋긴 하지만 조직 융화를 무너뜨릴 위험이 있다. 그래서 부득이한 것처럼 해야 한다."

스타는 위기에서 빛난다. 그렇기 때문에 위기 극복의 기회를 주는 것이 좋다. 이를테면 어려운 프로젝트에 투입하는 것이다. 완전히 망가진 영업망 복구를 맡길 수도 있다. 거물 고객을 잡아오라는 미션을 줄 수도 있다. 늘 성적이 꼴찌인 지점의 책임자로 발령을 내는 방법도 있다. 만약 그가 성공해서 돌아온다면 그를 발탁하는 데도 이의가 생기지 않을 것이다. 스타 스스로도 이런 과정을 통해 자신이 스타라는 것을 증명하고 싶어 하며, 또 그래야 한다. 기회를 주고 그 기회를 살리면서 개인도 살고 조직도 살고 스타도 빛이 난다.

에도시대의 사농공상土農工商 사회에서 사士는 절대 권력을 가진 집단이었다. 하지만 상인집단이 부상하면서 힘이 세졌는데, 그 이유 중 하나가 인사였다. 직급별 역할과 인사원칙이 명확했다. 서무와 잡무를 처리하는 하위직은 성실하고 태도가 좋고 인간성이 좋으면 그만이다. 개인 능력보다 연공서열이 중시된다. 하지만 직급이 높아질수록 개인 능력에 따라 성과가 천차만별이다. 중간층은 계수관리 능력과 시장파악 능력이 있어야 하고, 최고위층은 점포관리 능력이 있어야 한다. 일 잘하는 사람은 우대하고 필요하면 외부에서 발탁해야 한다. 바로 일반인사와 발탁인사의 혼용이다. 포스코의 박태준 전 회장도 비슷한 철학을 갖고 있었다. "과장급 이하는 연공서열에, 과장급 이상은 성과에 따라야 한다"는 것이었다.

조직의 '비雨'로부터 그들을 보호하는 것도 중요하다. 비는 복잡한 규제와 조직의 역학관계 등을 말한다. 너무 많은 보고, 서류, 절차 등은 사람을 질리게 한다. 내가 일을 하러 나오는 것인지, 보고를 위해 나오는 것인지 헷갈리게 된다. 이 부분을 정리해 주어야 스타라 해도 실력을 발휘할 수 있다. 연구소 소장이라면 스타연구원이 이런저런 잡무에 치여 연구를 못하게 되는 일이 없게 배려해야 한다. 출판사 사장이라면 유능한 기획자가 각종 잡무에 시달리지 않도록 조치해야 한다.

제약산업은 조직의 비가 큰 문제를 불러올 수 있는 대표적 분야다. 신약개발에 평균 8억 이상이 들어가다 보니 이해관계가 복잡하게 얽히게 마련이다. CEO가 이런 것들로부터 인재를 보호하지 않으면 유망한 아이디어가 정치에 밀려 사장되거나 창의적인 인재들이 실망하여 조직을 떠날 생각을 하게 된다.

그런 면에서 생명공학기업 지넨테크의 CEO 아더 레빈슨은 인재를 지킬 줄 아는 사람이다. 2002년의 일이었다. 당시 지넨테크는 항암제 아바스틴을 개발 중이었는데, 그만 3단계 임상시험에 실패하고 말았다. 순식간에 주가가 10퍼센트나 떨어졌다. 다른 CEO들이라면 연구

중단을 선언했을 것이다. 그러나 레빈슨은 이에 끄떡하지 않고 유능한 연구원들에게 결정권을 맡겼다. 위임을 받은 연구원들은 연구를 계속하기로 결론을 내렸고, 2004년 2월 아바스틴은 결국 최종 승인을 받기에 이르렀다. 다음 해 지넨테크는 11억 3,000만 달러의 매출액을 올렸고, 의료 분야에서 비즈니스위크가 선정하는 '최고 혁신기업' 1위를 차지했다.

하지만 유의해야 한다. 스타급 인재가 자칫 큰 낭패를 불러올 수 있기 때문이다. 팀워크를 해치는 것은 물론 기업가치를 떨어뜨리기도 한다. 하버드비즈니스리뷰는 스타의 야심, 실력, 행동력은 긍정적인 면이지만 그로 인한 조직의 실적 급락, 기업가치 하락, 잦은 이직은 부정적인 측면이라고 보고했다.

조사 결과, 전직한 애널리스트의 46퍼센트는 첫해 실적이 낮게 나타났다. 이직 후 평균 20퍼센트의 실적 하락을 기록했다. 왜 그랬을까? 기존 실적이란 것이 개인이 아닌 조직의 힘 때문이었다는 말이다. 시간의 문제도 있다. 어느 조직이든 그 나름의 절차와 조직문화가 있고 인간관계와 파벌이 있어 적응하는 데 시간이 걸리게 마련이다. 새로운 동료와의 협조 문제도 있다. 연봉 격차가 기존 직원들을 자극하여 정보가 전달되지 않고 협조가 이루어지지 않는다. 토박이 스타급 인재도 기분이 나쁘다. 실적은 같은데 새로운 스타에게 더 많은 지원이 몰리기 때문이다. 의욕이 꺾이고 시기심이 일어난다.

베어 스턴스, 메릴 린치, 살로몬 브러더스 등은 스타급 인재 채용을 발표하고 나서 기업가치가 하락하기도 했다. 투자은행은 주가가 평균 0.7퍼센트 하락한다는 통계도 있다. 투자손실액은 평균 2,400만 달러에 이른다. 새로운 스타 채용에 과다한 비용을 들여야 하는 데다 정점 상태에서 스카우트를 하기 때문에 실적이 기울 수밖에 없다는 것이다.

골드만삭스는 이 문제를 이렇게 해결한다. 스타에 관한 대량의 정보를 수집한다. 업무 개시 전 동료들의 협력 여건을 정비한다. 기존 스타플레이어를 등한시하지 않는다. 새로운 인재의 보수 범위를 기존 인재와 동일하게 설정한다.

스타직원에 대한 잭 웰치의 의견이 흥미롭다.

"재능 있는 젊은이가 너무 빨리 승진한 결과 야망이 범위를 이탈하는 경우가 많다. 이들을 그대로 놔두면 괴물로 변한다. HR의 지원을 받아 이들을 항상 경계해야 한다. 스타직원을 두려워해서는 안 된다. 인질이 되어서는 더욱 안 된다. 스타직원은 8시간 내에 교체가 가능하도록 항상 준비해야 한다."

생 각 해 보 기

- ☑ 스타직원이 조직에 헌신하는가?
- ☑ 우리 회사의 조직 내 비가 있다면 무엇일까?
- ☑ 이를 어떻게 하면 제거할 수 있을까?
- ☑ 발탁인사를 하기 위한 나만의 노하우가 있다면?
- ☑ 스타선수의 부작용에 대비하고 있는가?

아니다 싶으면
신속하게 조치하라

골치 아픈 C급 직원 대처법

 사과상자 안에 썩은 사과가 하나만 있어도 나머지 사과도 쉬
썩는다. 조직도 비슷하다. 아무리 좋은 직원을 채용해도 조직
안에 썩은 사람이 있으면 좋은 직원이 살아남기 어렵다. 좋은 직원을 채
용하기 전에 먼저 할 일은 성과를 못 내는 사람, 있어서는 안 되는 사람
을 골라내서 조치하는 것이다.

이들은 대개 본능적으로 자신의 위상에 대해 알고 있다. 위기의식
을 가진 이들은 비슷한 성향의 사람들끼리^{이들은 서로 같은 과라는 사실을 금방 알아}
^{챈다} 쉽게 뭉치고 자기들보다 유능한 사람들을 몰아내는 데 일치단결
한다. 유능한 사람을 몰아내고 그들만의 해방구를 꿈꾼다. 이들은 대
부분 정보통일 가능성이 높다. 생존하기 위해서는 무엇보다 빠른 정
보력이 필수적이기 때문이다. 이런 조직의 바이러스를 찾아내 처리하

기란 결코 쉽지 않다. 자기 손에 피를 묻히고 싶은 관리자는 없다. 누구인들 인기 없는 행동을 하고 싶겠는가. 대세에 지장만 없다면 참을 수 있는 데까지 참아보자고 생각한다. 사람을 정리하는 것은 쉬운 일이 아니다. 과거에 이들이 회사에 공헌한 사실 때문에, 오랫동안 같이 일한 정 때문에 정리를 차일피일 미루게 된다. 하지만 오길비도 말했듯이 "경쟁력이 떨어지는 사람을 내보내는 일은 관리자의 피할 수 없는 임무"이다.

무능한 직원들에게는 단호한 조치를 취해야 한다. 그렇지 않으면 회사는 엄청난 대가를 지불해야 한다. 우선 유능한 직원들이 오지 않는다. 그들은 본능적으로 무능한 상사와 직원을 알아본다. 이곳은 내가 놀 곳이 아니란 사실을 눈치 챈다. 설사 오더라도 곧 그만둘 가능성이 높다. 무능한 상사 밑에서 일하는 것만큼 괴로운 일은 없기 때문이다. 그들과 일하는 동안 자신도 무능한 사람이 되고 싶지 않기 때문이다.

무능한 사람은 또 다른 무능한 사람들을 불러 모은다. 유유상종이다. 오래 가지 않아 그 조직은 무능한 사람들의 천국이 될 것이고 그러면서 조직은 망가진다. 그러면 무능한 직원 문제를 어떻게 해결할 것인가?

바람직한 방법은 정확하고 객관적인 피드백이다. 무능한 직원 중에도 자뻑 증세가 있는 사람이 있을 수 있다. 자신은 매우 유능하고 회사에 꼭 필요한 존재라고 착각할 수 있다. 이런 사람에게 갑자기 해고통지를 하면 크게 반발하고 상처를 받을 수 있다. 그러면 조직이 혼란을 겪을 수 있다. 그러므로 성과 등 근거가 될 데이터를 놓고 얘기를 풀어가야 한다.

회사 내부의 의견도 알려주어야 한다. 몰입도에 관한 설문조사 결과가 될 수도 있고, 동료 혹은 부하직원들의 평가가 될 수도 있다. 피드백을 하고 코칭을 해주면서 성과를 높일 기회를 준다. 이러이러한 점을 언제까지 개선했으면 좋겠다는 명확한 피드백을 주고 적절하게 대응하지 못하면 퇴직 준비를 도와주어야 한다.

최선의 방법은 본인 스스로 거취를 결정하게 하는 것이다. 그만둘 수도 있고 다른 부서로 옮길 수도 있다. 평범한 성과를 낼 수 있는 한 단계 낮은 직위로 보내는 것도 방법이다.

최악은 '이건 아닌데'라고 생각하면서도 계속 결정을 미루는 것이다. 아니다 싶으면 재빨리 수순을 밟아 명확한 결정을 내리는 것이 리더가 할 일이다.

에드 마이클스 등 맥킨지 출신의 저자들이 함께 쓴 『인재전쟁』에서는 무능한 직원에 대한 관리자의 역할을 이렇게 정의한다.

- 관리자는 C급 직원이 누구인지 파악하고 있어야 하고 그 문제를 해결해야 한다. 누구도 C급 직원 문제를 해결하고 싶어 하지 않는다. 참거나 다른 부서로 발령 내는 것은 쉽다. 이것은 자신의 문제를 다른 이에게 전가하는 것 외에는 아무것도 아니다.
- 관리자 여러 명이 그들을 평가하도록 해야 한다. 그래야 정확한 평가를 할 수 있다.
- 관리자를 자주 이동 배치하라. 새로운 관리자는 신선한 시각으로 사람을 볼 수 있다. C급 직원들과 정서적 유대관계도 없기 때문에 조치를 취하기가 쉽다.
- 라인 관리자에게 C급 직원을 다루는 법을 가르쳐라.

이런 대목도 나온다.

- 직원들에게 공평한 피드백을 정기적으로 제공하라. C급 직원을 퇴출하거나 강등하는 것이 당사자가 전혀 예상하지 못했던 것이어서는 곤란하다. 그들은 지속적으로 솔직한 피드백을 받아야 하고 1년에 한 번은 문서화된 피드백을 받아야 한다. 더불어 계속 대화를 나눌 수 있어야 한다.
- 현 위치에서 다른 직업을 찾을 수 있도록 시간을 주어라.
- 그들이 직장을 옮기는 것으로 인해 자존심과 위엄이 손상되지 않도록 경력 관련 상담 및 개인적인 문제도 상담하라.
- 경력 이행에 따른 재정적 부담을 덜어주어라.

더 리미티드의 레슬리 웩스너 사장은 이 문제에 대해 이렇게 이야기한다.

"무능한 직원들에 대해 단호한 결정을 하지 못한다면 수많은 다른 직원들이 위험에 처하게 될 것이다. 내게는 이런 것이 도덕성이다. 인재전쟁에서 앞서지 못한다면 나는 이 전쟁의 희생자가 될 것이다.

나의 첫 번째 결정은 최하위층의 처리 문제였다. 대개 이들에게는 희망이 없다. 그들을 어떻게 보고 있는지 진실을 얘기해야 한다. 나쁜 리더가 되는 것은 쉽다. 왜냐하면 그들은 이상사회를 믿기 때문이다. 그들에겐 모든 사람이 아름답고 모든 직원이 승진한다. 주식 배당은 영원히 130퍼센트씩 증가할 것이다. 반대로 훌륭한 리더는 일관되고 균형 잡힌 관점을 가진다."

순서로 봤을 때 좋은 인재를 채용하고 유지하는 것보다 성과를 못 내는 직원의 처리 문제가 더 시급하다. 아무리 좋은 사람을 뽑더라도 이들이 버젓이 자리를 차고 앉아 꿋꿋하게 일하고 있다면 인재들은 갈등을 겪게 될 것이다. 결국 악화가 양화를 구축하고 만다.

생 각 해 보 기

☑ 현재 회사 내의 C급 직원 처리에 대한 정책이 있는가?

☑ 없다면 앞으로 정책을 세울 계획이 있는가?

☑ 관리자들에게 주기적으로 피드백을 하고 있는가?

☑ 관리자들은 직원들에게 주기적으로 피드백을 하고 있는가?

☑ 이런 정보를 수시로 교환하는가?

리더는 교실에서
만들어지지 않는다
조직의 미래 리더 양성책

한 사람의 인재가 10만 명의 직원을 먹여 살린다고 한다. 인재의 중요성에 대해서는 누구나 알지만 이를 실행에 옮기는 회사는 많지 않다. 쓸 만한 사람이 없다고 하면서도 쓸 만한 사람을 키우려는 노력은 별로 하지 않는다.

특히나 리더는 하루아침에 만들어지지 않는다. 체계적인 채용과 육성을 통해 자랄 뿐이다. 인사 전문가 램 차란은 저서 『리더십 파이프라인』에서 직급에 따라 역할이 달라지고, 역할이 달라지면 필요한 지식·스킬·시간 관리 등이 달라진다고 말한다. 그는 전통적인 인사 방법으로는 리더가 성장할 수 없기 때문에 리더를 찾고 양성하는 완전히 새로운 접근방법이 필요하다고 주장한다.

리더십 양성 문제를 해결하기 위한 그의 제안은 이렇다.

"소수의 사람만이 커다란 기업을 운영할 재능이 있다. 인재를 조기에 발굴, 양성하지 못하면 인재들은 그 전에 다들 조직을 떠난다. 리더 발굴 및 양성을 일상업무로 해야 하고 그 일을 하는 데 적절한 도구와 보상을 제시해야 한다. 리더의 발굴 및 양성을 최고위층 사람들이 해야 한다. 형식적이고 관료적인 인사고과를 없애고 파격적인 방법을 도입해야 한다. 리더의 대량생산 대신 1퍼센트에 집중해야 한다."

스위스 제약회사 노바티스의 CEO 다니엘 바젤라는 성장하고 목표를 달성하기 위해서는 인력의 질이 높아야 하고 그중에서도 리더의 질이 가장 중요하다는 결론을 내렸다. 이를 위해 리더십 풀을 넓히고 자질을 강화하기 위한 프로세스와 시스템을 만들었고, 이를 리더 승계와 부사장 선출에 적용한 결과 좋은 성과를 거두었다.

리더십 양성을 운에 맡기지 말아야 한다. 리더가 될 만한 인재를 조기에 발굴해야 하며, 불확실한 미래를 이끌 수 있는 인재 풀을 양성해야 한다. 잠재력을 가진 사람들의 장점을 개발하고 다양한 도전과제를 주고 역량을 발휘하게 해야 한다. 그들을 면밀히 관찰하고 즉각적인 피드백을 받을 수 있도록 해야 한다. 리더십 스타일보다는 사업을 일으키고 사람을 다루는 문제에 대해 조언할 수 있어야 한다.

그런 점에서 '도제식 리더양성 모델'은 좋은 본보기가 된다. 이는 리더의 성장을 가속화하기 위해 맞춤화된 경험과 피드백을 제공하는 정교한 시스템이다. 리더십 잠재능력을 올바르게 정의하고 가능한 한 조기에 적합한 인재를 발굴한다. 그다음 이들이 맞춤화된 업무를 수행함으로써 역량을 최대한 빨리 발휘하고 성장할 수 있도록 한다. 여기서 중요한 것은 시간을 단축하고 관심을 집중하는 것이다. 각 계층에 있는 리더들이 능동적으로 참여함으로써 리더 양성이 모든 리더의 핵심 업무가 되도록 해야 한다.

리더는 교실에서 자라지 않는다. 경영학과에서 리더십 관련 박사학위를 받았다고 리더십이 길러지는 것은 아니다. 리더십은 실전에서 성장한다. 가장 중요한 것은 돈이 아니라 시간과 에너지 그리고 다른 리더들의 관심이다. 리더는 사업의 종합적 상황을 꿰뚫어보는 직관력, 다른 사람과 협업하는 능력, 동기부여 능력, 넓은 시야와 다른 관점을 통해 모호하고 복잡하고 수량화할 수 없는 상황을 이해하는 지적 능력 등이 필요하다. 잭 웰치는 "제대로 된 사람을 선별해 그들에게 날개를 펼칠 수 있는 기회를 주고 그 일에 대한 보상만 해준다면 더 이상 그들을 관리할 필요가 없다"고 말했다.

리더가 될 인재를 발굴하기 위해서는 어떤 사람을 원하는지에 대한 그림이 명확해야 한다. 다음은 GE의 리더십 조건이다.

'시장에서 성공할 수 있는 외부적인 시각을 가질 것, 전략을 구체적 행동으로 현실화하고 결정을 내리며 주요한 과제의 우선순위를 조율할 수 있을 것, 새로운 사람과 생각에 대해 위험을 감수할 수 있는 상상력과 용기를 가질 것, 사람을 포용하고 관계를 구축하고 팀에 활력을 불어넣고 몰입하게 할 것, 자신감의 근원인 업무의 전문성을 키울 것.'

리더로 키우기 위해서는 그들에게 성장할 수 있는 기회를 주어야 한다. 검증되지 않은 리더들에게 많은 권한을 주는 것은 쉬운 결정이 아니다. 그렇지만 실패할 자유도 주어야 한다. 실패는 인재를 개발하는 경로

기술이자 기회로 간주해야 한다.

차세대 리더에게 주어진 환경은 3가지 조건을 만족시켜야 한다.

첫째, 스스로 업무를 재정의하고 야심 찬 목표를 설정할 자유

둘째, 팀을 이끌기 위해 권한 범위 내에서 팀원을 판단하고 목표달성을 위해 동기부여할 수 있는 자유

셋째, 사업의 단기 · 장기 계획을 효과적으로 조정할 수 있는 판단의 자유

변화를 주도하고 리더를 길러내는 것은 상사의 핵심적 역할이다. 관찰하고 피드백을 제공하는 것은 상사의 일상이다. 이 사실을 인지하는 것이 중요하다. 또 이것이 습관이 되어 있어야 한다. 하지만 대부분 어렴풋이 생각만 할 뿐, 실행은 하지 않는다. 역할을 인지하고 방법론을 알아야 한다. 형식에 얽매이지 않는 실시간의 가르침이 정기적인 능력 평가보다 더 많은 것을 이룰 수 있게 해준다. 이는 근무 기간의 문제가 아니라 얼마나 훈련이 되어 있느냐의 문제다.

회사는 주기적으로 리더십 재조정회의를 열어야 한다. 리더십 풀을 연간 단위로 리뷰하면서 그들이 가진 역량을 발굴하고, 향후 나아갈 방향을 조명할 기회를 가져야 한다. 이를 위해서는 리더십 자원에 대한 유용한 정보를 체계적으로 수집할 수 있어야 한다. 외부 변화에 맞추어 인재 발굴 조건과 방법을 끊임없이 재점검해야 한다. 조직의 요구에 맞추어 재능 있는 사람을 도전적이고 흥미있는 일에 우선적으로 배치해야 한다. 양성 속도를 높이기 위해 정확한 피드백을 제공해야 한다. 다른 리더들

도 그를 알 수 있게끔 노출시켜야 한다. 최고 실적을 보이는 사람을 인정하고 보상해야 한다. 기준 미달자를 위해 경로를 수정해야 한다. 다양한 단계에 있는 리더들에 대해 정기적으로 보고서를 작성하고 목표 대비 격차를 점검해야 한다. 이사회에 리더의 강점을 보고하고 이들과 접촉할 기회를 주어야 한다.

리더는 오랜 완성의 과정을 거친다. 관심을 쏟고 기회를 주고 피드백을 주면서 성장하고 완성된다. 미래의 리더를 키우는 것이 현재 리더의 핵심 역할이다. 당신은 어떠한가?

생 각 해 보 기

- ☑ 리더로 키울 인재가 있는가?
- ☑ 그들은 누구인가?
- ☑ 그들은 스스로 그 사실을 알고 있는가?
- ☑ 다른 사람들도 그들이 리더로 키워진다는 사실을 인정하는가?
- ☑ 리더십 조정을 위한 주기적인 세션이 있는가?

책임이 클수록
꼼꼼하게 인선하라
임원 후보 검증과정

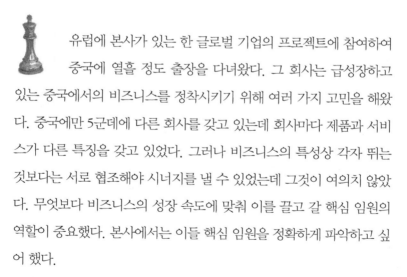

유럽에 본사가 있는 한 글로벌 기업의 프로젝트에 참여하여 중국에 열흘 정도 출장을 다녀왔다. 그 회사는 급성장하고 있는 중국에서의 비즈니스를 정착시키기 위해 여러 가지 고민을 해왔다. 중국에만 5군데에 다른 회사를 갖고 있는데 회사마다 제품과 서비스가 다른 특징을 갖고 있었다. 그러나 비즈니스의 특성상 각자 뛰는 것보다는 서로 협조해야 시너지를 낼 수 있었는데 그것이 여의치 않았다. 무엇보다 비즈니스의 성장 속도에 맞춰 이를 끌고 갈 핵심 임원의 역할이 중요했다. 본사에서는 이들 핵심 임원을 정확하게 파악하고 싶어 했다.

이번 프로젝트의 목적은 명확했다. '사장을 비롯한 중간 매니저급 이상 간부를 전부 인터뷰하여 잠재력을 평가하고 차기 사장 및 핵심

간부 후보의 목록을 만드는 것', 바로 후계자선발 프로그램succession plan, 석세션 플랜을 수행하는 것이었다. 본사에서 온 인사 책임자, 아시아 지역 본부장, 그리고 외부인인 필자 이렇게 세 사람이 하루 종일 영어로 인터뷰하고 매일 저녁 결과를 리뷰했다. 중국 전역을 다니며 인터뷰를 진행하면서 나는 몇 가지 사실을 배울 수 있었다. 그들은 가장 많은 비용과 시간을 사람을 고르고 관리하는 데 사용하고 있었다. 중국 공장의 사장 후보를 선발하는 데 지나칠 정도로 수선을 떨고 있었던 것이다.

사람이 재산이다. 사람만큼 중요한 것이 없다. 그런데도 실상은 그렇지 않다. 습관적으로 떠들어대지만 알고 보면 그만큼 비과학적이고 원시적으로 진행되는 일도 없다. 좋은 인재를 어떻게 전략적으로 선발하고, 배치하고, 유지 관리할 것인지에 전력을 다하지 않는다.

인사 관리에서 가장 중요한 것은 인선이다. 인선이 잘못되면 만사가 소용없다. 더군다나 그것이 고위급 책임자일 경우에는 더 말할 나위도 없다. 결혼과 비유해서 생각하면 틀림없다. 좋은 가정에서 바른 교육을 받고 심성이 좋은 사람을 배우자로 얻으면 별다른 노력 없이도 화목한 가정을 이룰 수 있다. 기본이 되어 있기 때문이다. 하지만 제대로 교육도 받지 못하고 성격도 이상한 사람과 결혼하면 인생이 피곤해진다. 사사건건 부딪치고 일일이 협조를 구하고 설득하면서 살 수밖에 없다. 엄청난 노력을 기울이면 언젠가는 나아지겠지만 그러기에는 치러야 할 희생이 너무 크다.

기업도 마찬가지다. 기업이 추구하는 가치에 맞는 사람을 채용하면 별 탈 없이 모든 과정이 순조로울 것이다. 특별히 동기부여를 하지 않아도 열정적으로 일을 할 것이고, 일을 해야 하는 이유와 하지 말아야 하는 까닭을 구구절절 설명하지 않아도 된다. 가치관이 일치하고 기본이 잡혀 있기 때문이다. 하지만 일단 잘못된 사람을 뽑으면 거의 모든 시간을 그 사람과 커뮤니케이션하는 데 써야 할 것이다. 일일이 지시하고 감독하고 설득하고 별도로 동기부여까지 해야 한다. 그렇다고 나아진다는 보장도 없다. 또 그로 인한 비용 지출은 얼마나 크겠는가.

필자가 다니던 회사에는 위장 취업한 대학생이 제법 있었다. 이 사람들은 근본 취지가 회사를 성장, 발전시키는 것과는 아무 관련이 없었다. 오히려 음성적으로 반대세력을 규합하여 회사가 하는 일마다 시비를 걸었다. 이런 사람들을 상대하여 회사의 비전과 전략을 설명하고 동의를 이끌어내는 것은 거의 불가능에 가까웠다. 대화를 한다고 노상 테이블에 같이 앉아 있기는 했지만 효과가 있을 리 없었다. 그저 서로의 에너지만을 소비했다. 채용 과정에서 이들을 솎아내지 못한 탓에 회사는 엄청난 대가를 지불해야 했다. 사람을 잘못 채용하면 어떤 결과가 오는지를 확실하게 보여준 경우다.

인선이 성공하려면 검증을 잘해야 한다. 사람을 가장 잘 알 수 있는 방법은 과거 그가 살아온 경력과 경험을 뒤돌아보는 것이다. 별다른 경영 지식과 경험이 없는 사람이 기차게 조직을 운영할 확률이 얼마나 될까? 없지는 않겠지만 거의 제로에 가깝다. 그러기에는 회사가 짊어질 위험부담이 너무 크다. 그런 만큼 책임자의 위치에 올릴 사람들은 철저한 검증 절차를 밟아야만 한다.

미국 대통령은 바로 그런 과정을 거친다. 주지사 경험이 바로 그런 과정이다. 레이건은 LA 주지사, 부시는 텍사스 주지사, 클린턴은 아칸소

주지사⋯. 이들은 주지사라는 직무를 통해 자신의 능력을 검증받게 된다. 만약 자신이 경영하던 주가 부도라도 난다면 그들은 대통령 자격이 없다. 주지사 경험이 있다고 해서 모두 대통령을 잘하는 것은 아니지만 아무런 경험이 없는 사람을 대통령으로 뽑는 것보다는 위험을 줄일 수 있다.

이번 중국 출장에서도 필자는 똑같은 경험을 하게 되었다. 필자가 보기에 꽤 괜찮은 중국 매니저가 있었다. 나는 그를 사장 후보로 하면 좋겠다는 의견을 냈는데 독일의 인사 책임자가 고개를 절레절레 흔들었다. 절대 안 된다는 것이다. 이유를 물어보자 그는 이렇게 대답했다.

"물론 그가 역량이 있고 그동안 좋은 성과를 냈다는 것은 인정합니다. 하지만 그는 스태프 관련 업무만 했습니다. 이런 사람을 회사의 사장에 앉히는 것은 너무 위험합니다. 그러다 비즈니스에 이상이 생기면 회사는 큰 타격을 입습니다. 굳이 사장을 시키고 싶으면 실무경험을 쌓게 한 후 결과를 보고 다시 한 번 얘기해 보는 것이 좋겠습니다."

인재人才가 인재人災가 될 수 있다는 말이다.

급변하는 기업 환경에서 위험관리의 중요성은 더욱 커지고 있다. 환율, 주가, 유가, 전쟁 등 주변은 위험요소로 가득 차 있다. 그중에서도 가장 위험한 요소는 바로 사람이다. 적합하지 않은 사람이 사장으로 오는 것이 최대의 위기인 것이다.

그렇기 때문에 글로벌 기업들은 나름대로 임원의 승진 기준을 엄격하게 정하고 이를 철저하게 적용하고 있다. 인선 과정에서도 공정을 기하려 최대한 애쓰고 있다. 내부인의 시각만으로는 부족하다며 필자 같은 외부인을 채용하여 객관성을 높인다.

인사가 만사라는 말만 하지 말고 상시적 위기관리 차원에서 사람을 다루어야 한다. 불확실성 시대에서 높은 경쟁력을 유지하는 첩경이 여기에 있다.

생 각 해 보 기

☑   준비되지 않은 사람이 중요 직위에 오른 적이 있는가?

☑   어떻게 해서 그런 사람이 그 자리에 앉게 되었는가?

☑   그로 인한 리스크가 있었다면?

☑   교체를 한다면 어떤 방식으로 하고, 본인과 직원들에게 어떻게 커뮤니케이션하겠는가?

☑   미래 CEO 후보로 생각하는 사람이 있는가? 어떤 부분을 보완하면 좋을 것 같은가?

준비된 사람을
자리에 앉혀라

■ 후계자 검증법

 로마제국의 전성기는 5현제 시대서기 96~180년였다. 네르바, 트라야누스, 하드리아누스, 안토니누스 피우스, 마르쿠스 아우렐리우스가 그 주인공들이다. 마지막 황제 마르쿠스 아우렐리우스를 제외한 네 황제의 공통점은 아들이 없다는 것이다. 아들이 없어서 사전에 적합한 인물을 선정해 후계자로 키웠기 때문에 전성시대가 되었다면 무리한 논리일까?

하드리아누스의 말처럼 "아들은 선택할 수 없지만 후계자는 선택할 수 있다." 하지만 『명상록』으로 유명한 철인 황제 마르쿠스 아우렐리우스는 후계자를 선택하지 못했다. 친아들 콤모두스가 있었던 것이다. 18세에 제위에 오른 그는 스토아 철학자였던 아버지와 달리 자신을 헤라클레스라고 여기는 과대망상증에다 직접 콜로세움에서 검투사로 경기를 벌이는 등 예측불허의 인물이었다. 부패와 혼돈으로 일관된 12년의 통치는 서기 192년 그가 피살되면서 끝나고 말았다.

후계 문제의 심각성은 호랑이 아들이 강아지일 수도 있다는 것이다. 칼리굴라, 네로, 콤모두스 세 사람은 모두 핏줄은 확실했다. 하지만 능력 부족으로 비참한 최후를 맞고 제국을 망쳤다.

경영의 역사가 길어지면서 우리나라에도 후계 문제가 중요한 어젠다가 되었다. 이 문제가 중요해지니까 각 대학에서 '후계자 양성 과정'까지 만들어 운영하고 있는 상황이다. 다행히 두산은 4대째, 삼성과 LG는 3대째 경영이 잘 이어지고 있다.

후계 문제는 어떻게 하는 것이 최선일까? 정답은 하나, 준비된 사람이 후임을 맡는 것이다. 그게 자식이 되었건 회사에서 성장한 사람이건 관계없다. 중요한 것은 사전에 철저한 검증을 통과해야 한다는 것이다. 여러 과정을 돌리면서 공부를 시켜야 한다.

이 부분에 대해서는 고대 로마의 프로그램을 참조하는 것이 좋다.

명문가 자제는 가장 먼저 군대에서 경력을 쌓는다. 만 17세 성인은 반드시 군에 입대해야 한다. 최소 3~4년, 보통 10년 정도의 복무기간을 거친다. 이 기간에 1차적인 것이 검증되고 평판이 만들어진다. 어리지만 리더십도 있고 사람들하고 좋은 관계를 유지하는 사람이 있을 수 있고, 귀하게만 자라서 싹수도 없고 사사건건 문제를 일으키는 사람이 있을 수도 있다.

다음은 회계감사관 진출이다. 돈에 대해 알아야 한다는 것이다. 매년 20명을 선출하는데 군복무를 마치고 20대 후반 무렵 출마한다. 이들의 임무는 금전출납이다. 공동체를 꾸려나가려면 돈의 의미를 이해하고 효율적 재정운영의 중요성을 깨달아야 한다. 숙영지에서 회계감사관의 자리는 군단장 바로 옆이다.

회계감사관 다음은 법무관이다. 재판을 담당하면서 입법권도 행사한다. 사리분별력을 볼 수 있는 기회다. 법무관을 거쳐야 비로소 군단장을 맡을 자격이 생긴다.

법무관을 마친 후에는 속주의 총독으로 파견되는 경우가 많다. 지역 책임자 역할을 하면서 속주의 행정과 방위라는 중책을 수행한다. 여기서 역량을 인정받으면 로마 최고의 집정관에 출마할 수 있다.

로마 최고 지도층 중에는 명문대학 출신이 거의 없었다. 이는 지도자에게 요구되는 것이 학교에서 배운 고상한 이론이 아니라 현실에서 부딪치면서 얻는 체험이라는 생각에서 비롯되었다. 한마디로 현장 경험을 중시한 단계별 인재육성이다.

도요타의 창업주 도요타 기이치로는 가족들에게 기회는 주지만 역량이 부족하면 가차 없이 물러나게 한다는 원칙을 갖고 있었다. 스웨덴의 발렌베리 가문, 독일의 자동차회사 BMW, 미국의 듀폰 등은 가족경영 체제를 유지하면서 글로벌 기업이 되었다. 이들의 공통점은 후계자에게 세심한 경영수업을 시키지만 경영진이 되려면 역량과 성과를 입증해야 한다는 것이다. GE의 후계자 프로그램도 치밀한 검증으로 유명하다.

후계자를 키우고 싶다면 우선순위에 따라 후계자를 배치하고 훈련을 받게 하는 것이 좋다. 나는 최종현 전 SK회장의 우선순위를 선호한다. 그는 MRPTS라는 우선순위를 갖고 있다. 마케팅Marketing, 연구개발

R&D, 생산Production, 최고경영자Top, 스태프Staff 순으로 중요하다는 것이다. 기업에서는 물건 파는 것이 최우선이고, 다음은 연구와 신제품 개발, 그다음이 생산이다. 후계자가 되려면 이 부분을 반드시 알아야 한다.

기업의 가장 큰 리스크는 준비되지 않은 자가 최고 위치에 오르는 것이다. 국가 역시 마찬가지다. 그렇기 때문에 후계자 프로그램을 준비해 검증된 사람이 자리에 오르게 하는 것은 모든 조직의 흥망을 결정하는 열쇠이다.

생 각 해 보 기

☑ 준비되지 않은 사람이 높은 자리에서 일을 망치는 경우를 본 적이 있는가?

☑ 당신 회사의 후계 문제는 어떤가?

☑ 누구나가 인정하는 후계자가 있는가?

☑ 후계자 양성 프로그램이 있는가?

☑ 그 프로그램에는 어떤 것들이 있어야 한다고 생각하는가?

1% 인재에 집중하라 램 차란, 이원동 옮김, 2008. 10

MIT MBA 강의노트 이원재, 2007. 1

괴짜 인재를 얻는 기술 앨런 C. 구아리노, 정미나 옮김, 2007. 12

노하우로 승리하라 램 차란, 김상욱 외 옮김, 2007. 4

리마커블 서비스 장정빈, 2009. 12

삼성경제연구소 자료(www.sericeo.org)

성공하는 사람들의 7가지 관찰습관 송숙희, 2008. 8

세팅 더 테이블 대니 메이어, 노혜숙 옮김, 2007. 8

세종처럼 박현모, 2008. 1

숨겨진 힘-사람 제프리 페퍼 외, 김병두 옮김, 2002. 1

위대한 기업 로마에서 배운다 김경준, 2006. 11

유쾌하게 자극하라 고현숙, 2007. 4

이금룡의 고수는 확신으로 승부한다 이금룡, 2009. 6

인재를 골라 뽑는 기술 케빈 클라인벡스 외, 우종민 외 옮김, 2005. 1

인재전쟁 베스 액슬로드 외, 김성수 외 옮김, 2002. 9

인재 포석의 명인 이기홍 외, 2005. 1

일류기업은 어떤 방식으로 인재를 뽑을까 존 카도, 심태호 외 옮김, 2004. 11

일본전산 이야기 김성호, 2009. 1

잭 웰치 위대한 승리 수지 웰치 · 잭 웰치, 김주현 옮김, 2005. 5

전략의 급소 서광원, 2007. 10

최고 인재 확보와 유지전략 로버트 워터맨 외, 이상욱 옮김, 2002. 8

치명적인 내부의 적 간신 김영수, 2009. 3

황제의 용인술 스마란, 장연 옮김, 2008. 10

핵심인재가 기업의 운명을 결정한다 데이비드 코헨, 박두진 외 옮기고 엮음, 2006. 11

핵심인재를 선발하는 면접의 과학 하영목 외, 2007. 4